にほんのわらべうた①

うめとさくら

近藤信子・柳生弦一郎

福音館書店

「のーぶこちゃん　あそびましょ」

「はあい」

もくじ

写真をとったひと――「とんとんやかた」の清水悦子と土井桂子

はじめに「はなこちゃん」「はあい」

茨城県つくば市は桜並木の美しい町です。四月、桜の花が咲くころ、幼い子どもたちがお母さんに手をひかれて、私たちの音楽教室「とんとんやかた」にはじめてやってきます。二歳児たちと「わらべうた」との出会いは、お名まえをよぶことからはじまります。節をつけて「はーなこちゃん」。「はあい」とお返事できる子も、声は出ないけれど目を見てこたえてくれる子も、からだをはずませて全身でお返事する子も、お母さんのうしろにかくれてしまう子もいますが、これが「わらべうた」の入り口です。それからお母さんにだっこして「おふねはぎっちらこ」をうたってもらったり、おんぶして「うまはとしとし」でパカッパカッと走ったり、お母さんにしっかりくっついて、安心してあそびの世界にはいっていきます。つぎはクラスのみんなで「どんどんばし」や「なべなべ」などであそびます。

最近は「わらべうた」であそんだ経験のないお母さんや、こもり歌を知らないお母さんが多くなりました。でも、さいわいなことに、お母さんたちは「わらべうた」をすぐおぼえ、よろこんで子どもとあそびはじめます。わが子の名まえを節をつけてよぶことで、お母さんはやさしい気持ちになり、子どもの表情がうれしそうに変わることを知ります。しかることの多かったお母さんが、子どもとあそぶたくさんの歌を知り、おだやかに豊かに変わっていきます。そして、そのことによって子どもたちの不安がなくなり、目に輝きがあらわれるのを、私たちはたくさん見てきました。「わらべうた」が、人間関係や親と子の仲をいい方向に変えていく、はかりしれない力に驚きます。

四歳になると、子どもたちはお母さんから離れて、子どもどうしのあそびをたのしむようになります。「ほおずきばあさん　ほおずきおくれ／まだ　めが　でないよ……」とうたいあう「ほおずきばあさん」のような、みんなとあそぶ「わらべうた」が多くなります。「とんとんやかた」には、いろいろなところから子どもたちが来ていますが、「わらべうた」のあそびをとおして、みんなが仲よしの友だちになります。また、ルールのあるあそびでは、ルール違反をするとあそびが成り立たなくなります。みんながたのしくないと、あそびはおもしろくないことがわかった子どもは、みんなでルールを守るように声をかけあいます。「わらべうた」でたっぷりあそんだ子どもたちが、本を読むことも、とても好きになるということは、うれしい発見でした。あそびのなかで物語体験のようなこともしているのでしょう。今「とんとんやかた」の子どもたちは百七十人くらいです。卒業は小学六年ですが、もっと音楽を学びたい子や、音楽学校に進学したい子には、そのためのコースをつくっています。

『にほんのわらべうた』一、二、三巻には百十八曲の「わらべうた」を集めましたが、これらの歌は、子どもたちも私も大好きな歌ばかりです。第一巻には、春・夏・秋・冬の四季の「わらべうた」三十九曲をならべました。歌の順番は年齢順にはなっていません。同じ歌でもあそびかたによって幼い子から小学生までたのしめるからです。あそびかたのおおよそのめやすは、巻末の項目索引にあります。全曲の楽譜は第四巻にCD付きでのせました。

この本をつくるにあたり、私たちは「とんとんやかた」の子どもたちの写真を二年間とりつづけました。二年前には幼かった子が、今はすっかり大きくなって見ちがえるようです。

近藤信子

はじめの歌は「うめとさくら」です。

はい、どーぞ。

うめとさくら

うめと　さくらと　あわせてみれば　うめの　ながめは　ピコシャの
シャンシャン　うさぎが　もちくって　ほーい　ほい

「うめとさくらと、どっちがすき?」と、一人一人にないしょできいて、どちらをすきな子が多いか競争する、くぐりあそびの歌です。

オニは、うめとさくらのかわりに、「ケーキとアイスクリーム」「いぬとねこ」「スキーと海水浴」「国語と算数」「おとうさんとおかあさん」など、いろいろかってにきめられるので、子どもたちはみんなオニになりたがります。

●二人ずつ手をつなぎ、オニをひと組きめます。オニの二人は、みんなにないしょでうめとさくらをなににするか、たとえば「ケーキとアイスクリーム」ときめて、たがいにそのどちらかをえらんでおきます。

オニの組はむかいあわせになって、つないだ両手を高くあげて門をつくります。ほかの組は、うたいながら、その門をじゅんじゅんにくぐっていきます。おしまいの「ほい」で、オニの組は手をおろしてひと組をつかまえ、つかまった組のかたほうずつに、

「ケーキとアイスクリームと、どっちがすき?」

と、ないしょできききます。

つかまった子は、どちらか一つをないしょでこたえて、えらんだほうの門の

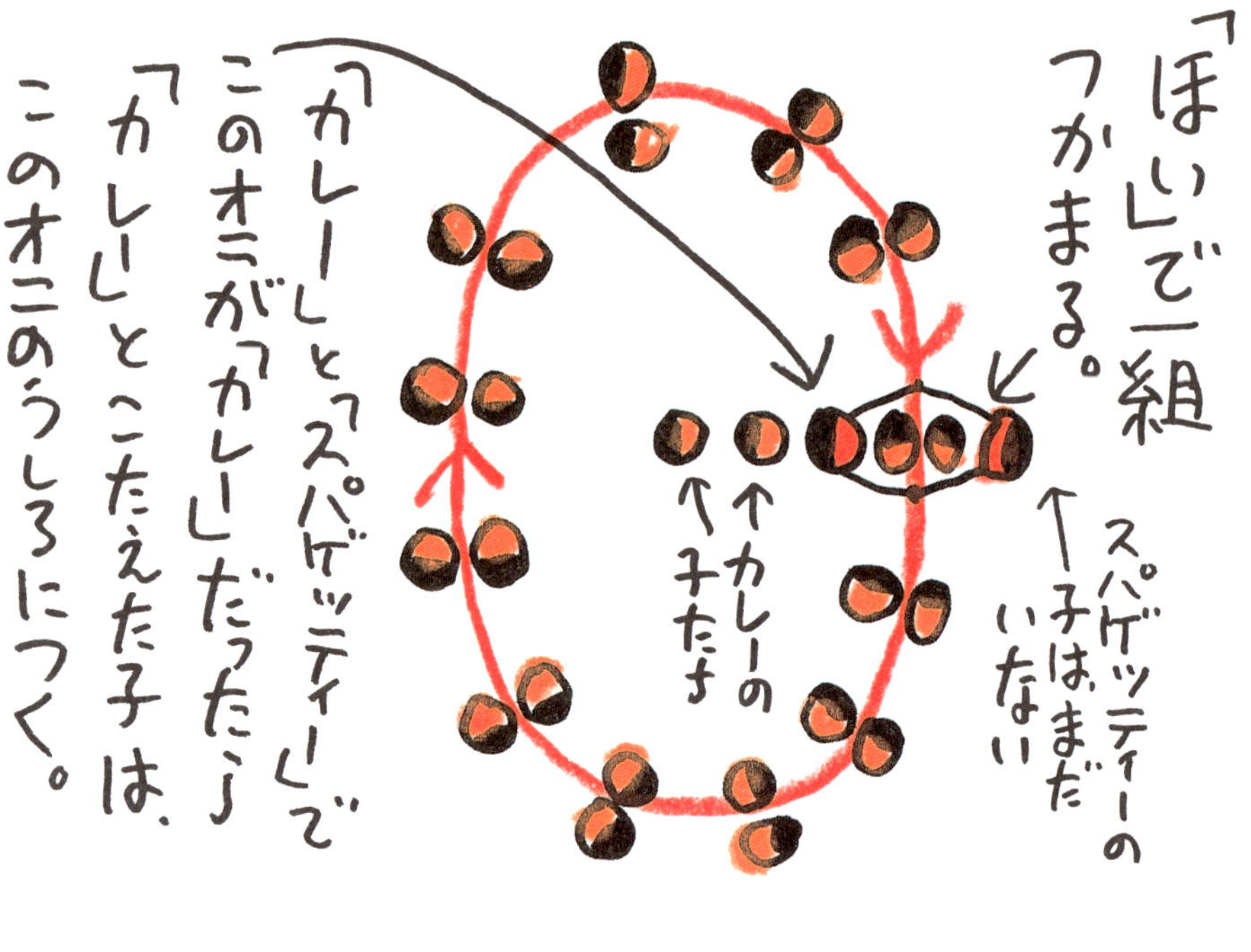

「ほい」で一組つかまる。
スパゲッティーの子はまだいない
カレーの子たち
「カレー」と「スパゲッティー」でこのオニが「カレー」だったら、
「カレー」とこたえた子は、このオニのうしろにつく。

オニのうしろにつきます。どっちが「ケーキ」で、どっちが「アイスクリーム」かは、つかまった組にしかわかりません。
ぜんぶの組がつかまったら、オニはそれぞれ自分のうしろについた子の人数をかぞえて、多いほうが勝ちです。

あかときいろ、どっちがすき？
うー、きいろ

じゃあ、あんた みえちゃんのほう

●負け組の子たちは、つぎの歌で「じごく」にぶっとばされるのよ。

じごくごくらく

じごく　ごくらく　えんまさんのまえで　おきょうをよんで
はりのやまへ　とんでいけ

●まえの歌の「うめとさくら」で勝った組は、二人ずつ手をつないで「釜《かま》」をつくります。かまのなかに負けた組の子をいれて、右に左にふり、「とんでいけ」で片手《かたて》をはなして、じごくにぶっとばします。

負けた組の人数が多いときには、ひとつのかまに二人いれたり、三人いれたりします。負け組の子も、とばされないようにふんばったり、わざと遠くまでとんでいったりしておおさわぎになります。

かまをたくさんならべて、かまからかまへ、じゅんおくりにとばすこともできます（まわしがま）。

もちろん、負け組になったオニもとばされる。

「うめとさくら」「じごくごくらく」をなん回もやるときは、まえの「うめとさくら」でいちばんおしまいにつかまった組のふたりがつぎの回のオニになります。

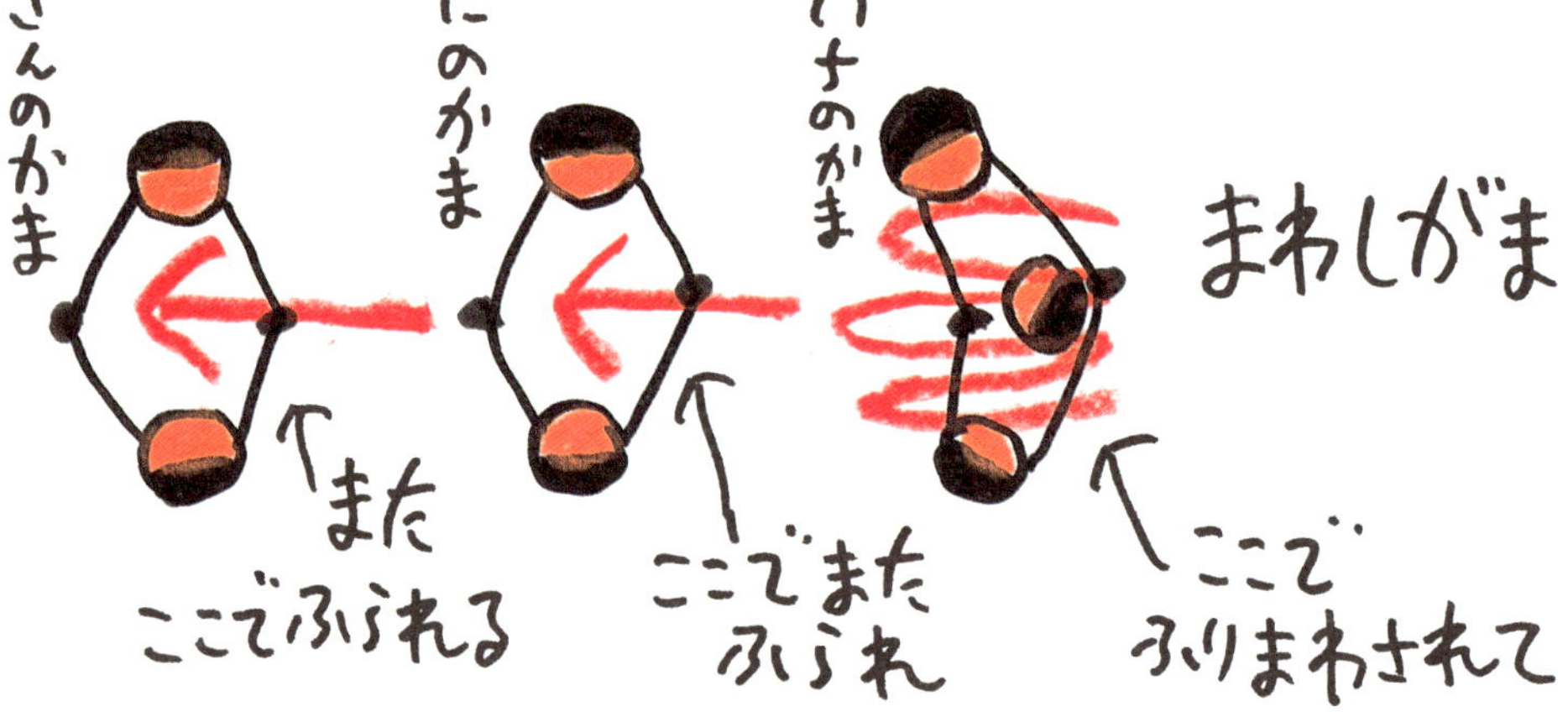

さあ——、まけぐみを
じごくに ぶっとばして
やるぞ!

ほら ↑
ふたりはいってる

あっ、かまから
こぼれたよ

さあ、負け組をかまにいれて
じごくにぶっとばそう!

じーごくごーくらく

おきょうをよんで、はりのやまへ
とんでいけえ——

えんまさんのまえで

つぎのかまに とんでいけ
まわしがま だあーー

かまのふちにへばりついてる
ぜえ。おうじょうぎわのわるいやつじゃ

はーりのやーまへ

ずくぼんじょ

ずっくぼんじょ　ずくぼんじょ　ずっきんかぶって　でてこらさい

ずくぼんじょは、「つくし」のことです。

春になって、野原へつくしをさがしにいくときにうたう歌です。

●とんとんやかたでは、一本のつくしを真ん中にして、みんなでうたいます。先生が胸《むね》の前で両手をあわせて、なかにつくしをかくしておきます。手を小さくふりながらうたいはじめ、「でてこらさい」までうたって、「おやっ、おやおやっ」と、つくしのあたまをのぞかせます。

もう一回うたうと、つくしは「ニョキ、ニョキニョキ」とのびはじめ、一回うたうごとに「ニョキ、ニョキニョキ」と、どんどんのびていきます。おしまいに「スッポーン」といってぬきます。

●子どもたちも、こんどは自分がつくしになったつもりで小さくなって、両手を頭の上であわせてずきんをつくり、上下にふってうたいます。芽をだし、だんだん大きくなり、うーんと大きくなったら、先生やおかあさんに「スッポーン」とぬいてもらいます。

ニョキニョキニョキ
せんせいの手の中から、手品のようにつくしが出てくる。
えでの中にかくしてあったつくしを一回うたうごとに、ニョキニョキと出す。

・ほんもののつくしがないときは、つくりもののつくしをつかいます。

スッポーーン

ずくぼんじょはまだ芽をだしてないぞ

ずーっくぼんじょ ずくぼんじょ
ずっきんかぶって でてこらさい

ずっきんかぶってでてこらさい

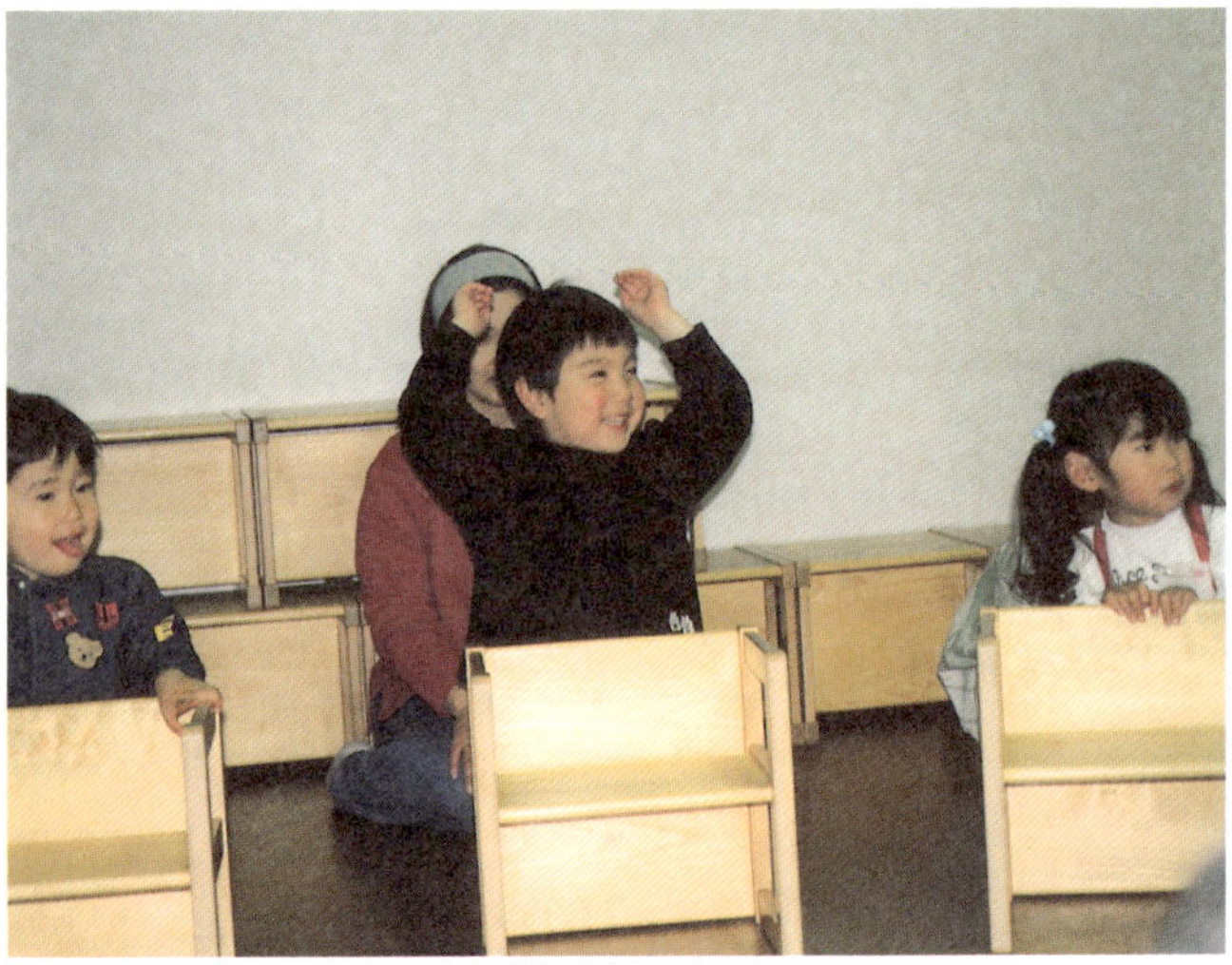

ぼくがいちばんだあ　ずーっくぼんじょ、まだ土のなか

はるかちゃんも
のびてきた↗　↙スッポーン　あっ、でてきたでてきた

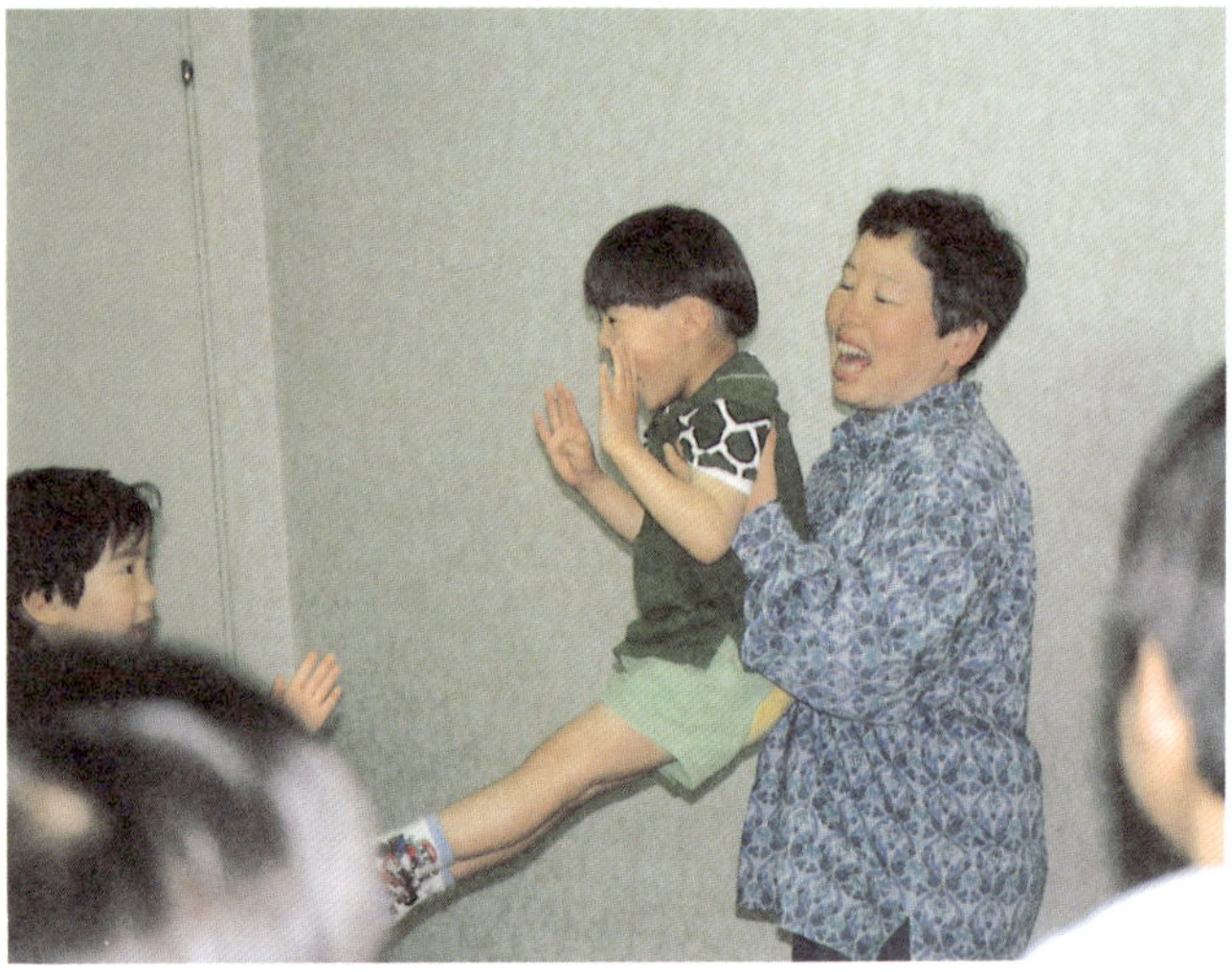

こんなになったよお

でてこらさい

もうちょっとふんばるか
そろそろでてやるか

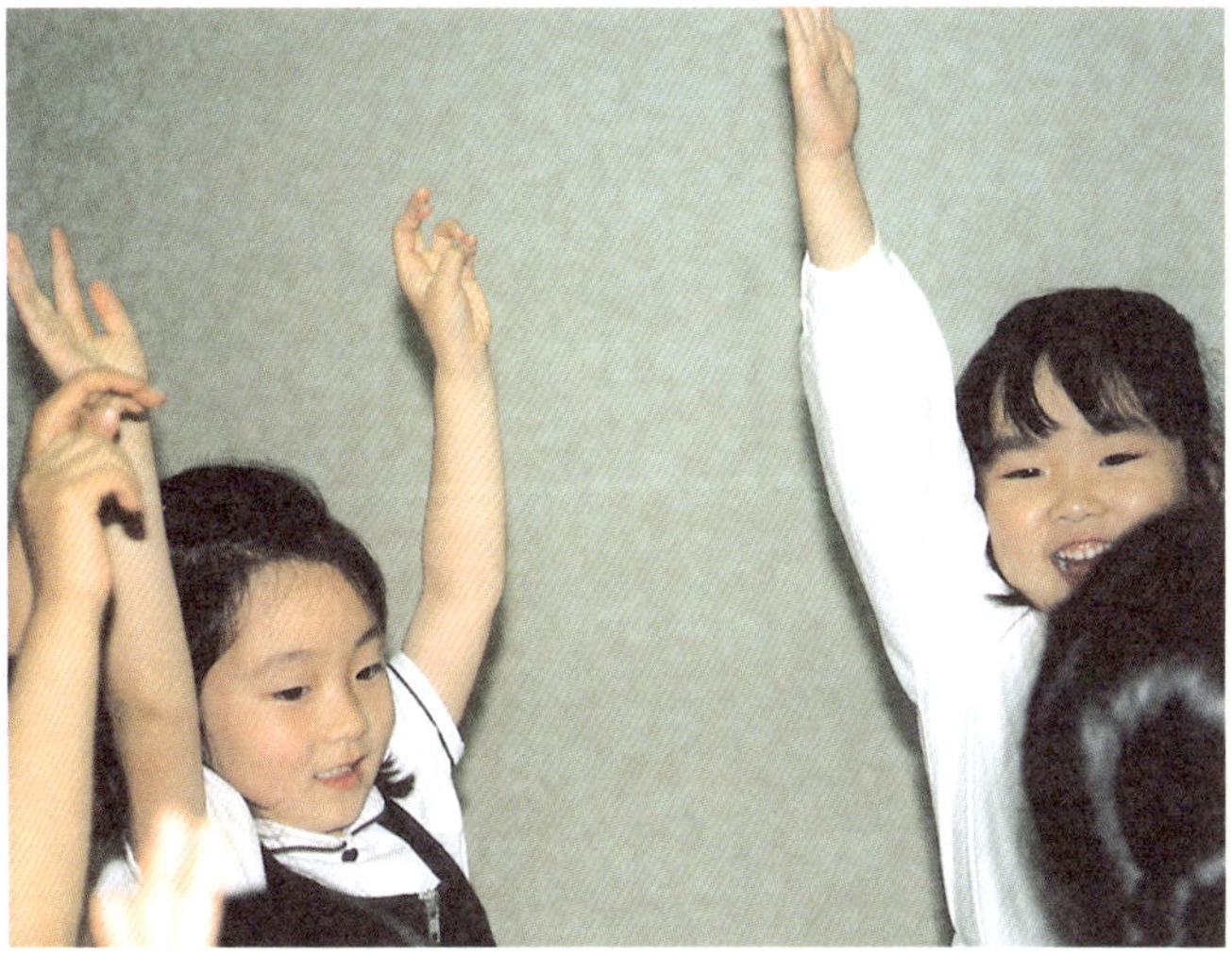

ぬいてええ

もうすぐでるよお

おーっと、はなみずが ずくぼんじょに…

たけのこめだした

たけのこ　めだした　はなさきゃ　ひらいた　はさみで　ちょんぎるぞ
えっさ　えっさ　えっさっさ

かけ声と、足ぶみと、腕《うで》ふりがいっしょになった、にぎやかなじゃんけんあそびの歌です。

●二人がむかいあって立ちます。

「たけのこ　めだした」

両手を頭の上であわせてたけのこのようにして、上下に4回ふります。


「はなさきゃ　ひらいた」

両手を前にだし、手のひらを上にむけて（パー）、上下に4回ふります。


「はさみで　ちょんぎるぞ」

両手をはさみにして（チョキ）、上下に4回ふります。


「えっさ　えっさ　えっさっさ」

両手をにぎって（グー）、足ぶみしながら、腕《うで》を3回ふって、

「さ」

じゃんけんします。

勝ったら「ばんざい」、負けたら「ごめんなさい」、あいこだったら、勝負がつくまで「えっさっさ」「えっさっさ」とうたいながら、じゃんけんをくりかえします。

●おおぜいであそぶときは、二人組の二重輪でじゃんけんをします。負けたら内がわ、勝ったら外がわの輪にでて、勝った子だけ右に動いて、一回うたうごとに相手をかえていきます。あいこの組がでたときは、「えっさっさ」をうたいながら、みんなでまちます。

●子どもたちがだいすきなのが、勝ちぬき戦です。二人ずつじゃんけんして、負けた子はぬけ、勝った子どうしでじゃんけんをくりかえします。さいごまで勝ちのこった子が「ばんざい」をし、みんなは拍手《はくしゅ》をします。

●もうひとつの勝ちぬき戦は、二人ずつじゃんけんして、負けたら、勝った子のうしろにつながります。勝った子どうしでじゃんけんをくりかえし、負けるとうしろにつながるので、二人、四人、八人とだんだん長くなっていって、おしまいには一列になります。さいごまで勝ちのこった子をせんとうに、みんなで「たけのこ　めだした」をうたいながら、ねりあるきます。

　とんとんやかたでは、あらかじめ、勝ち組全員に賞品をだすとか、負け組をかたづけ当番にするとかきめておいて、一列になるまえの勝ちのこった二組（または三組）で決勝戦をしていますが、これはさいこうにもりあがります。

●まだじゃんけんのできない小さい子だけであそぶときは、勝ち負けに関係なく、輪になってみんなでうたってあそびます。

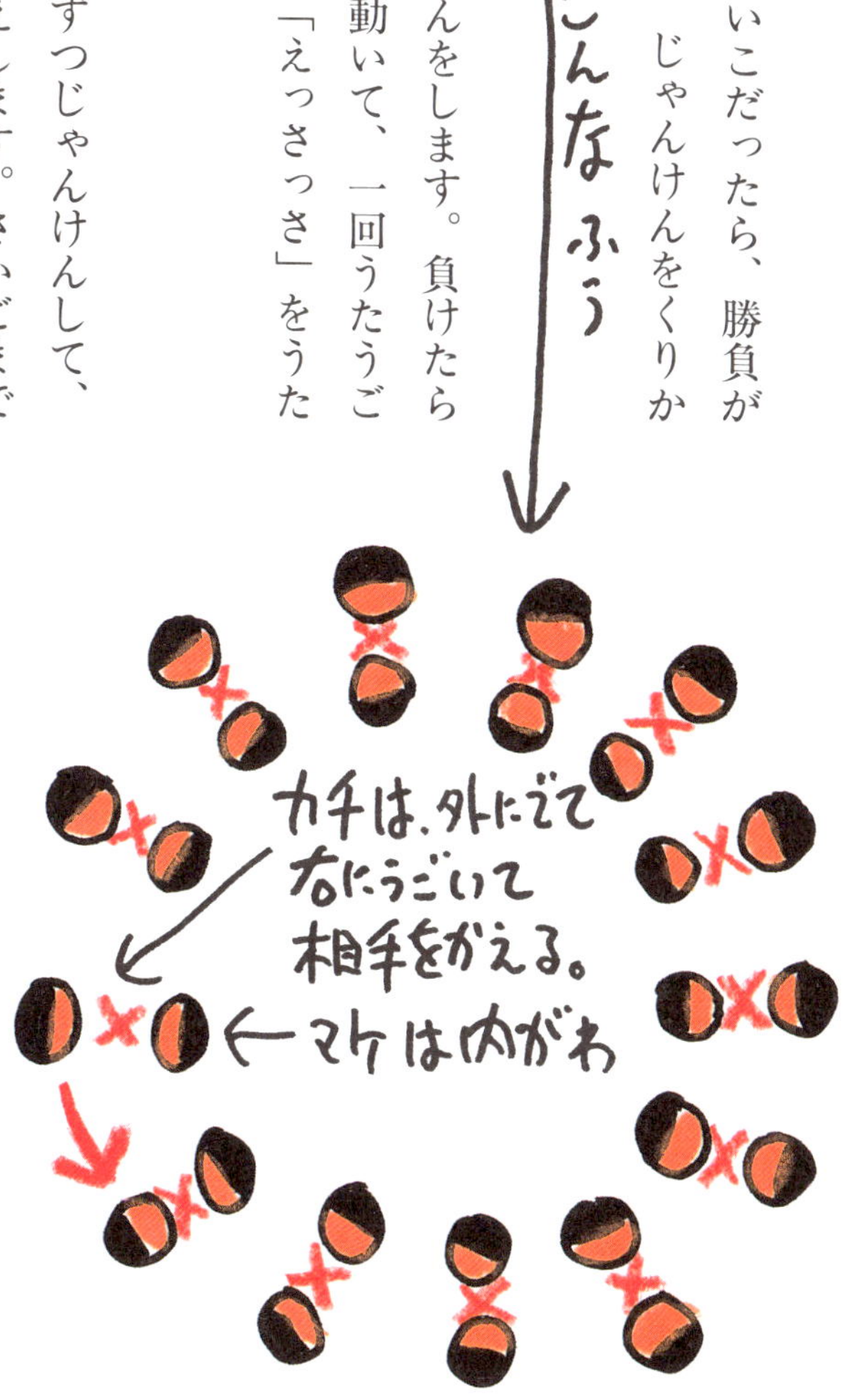

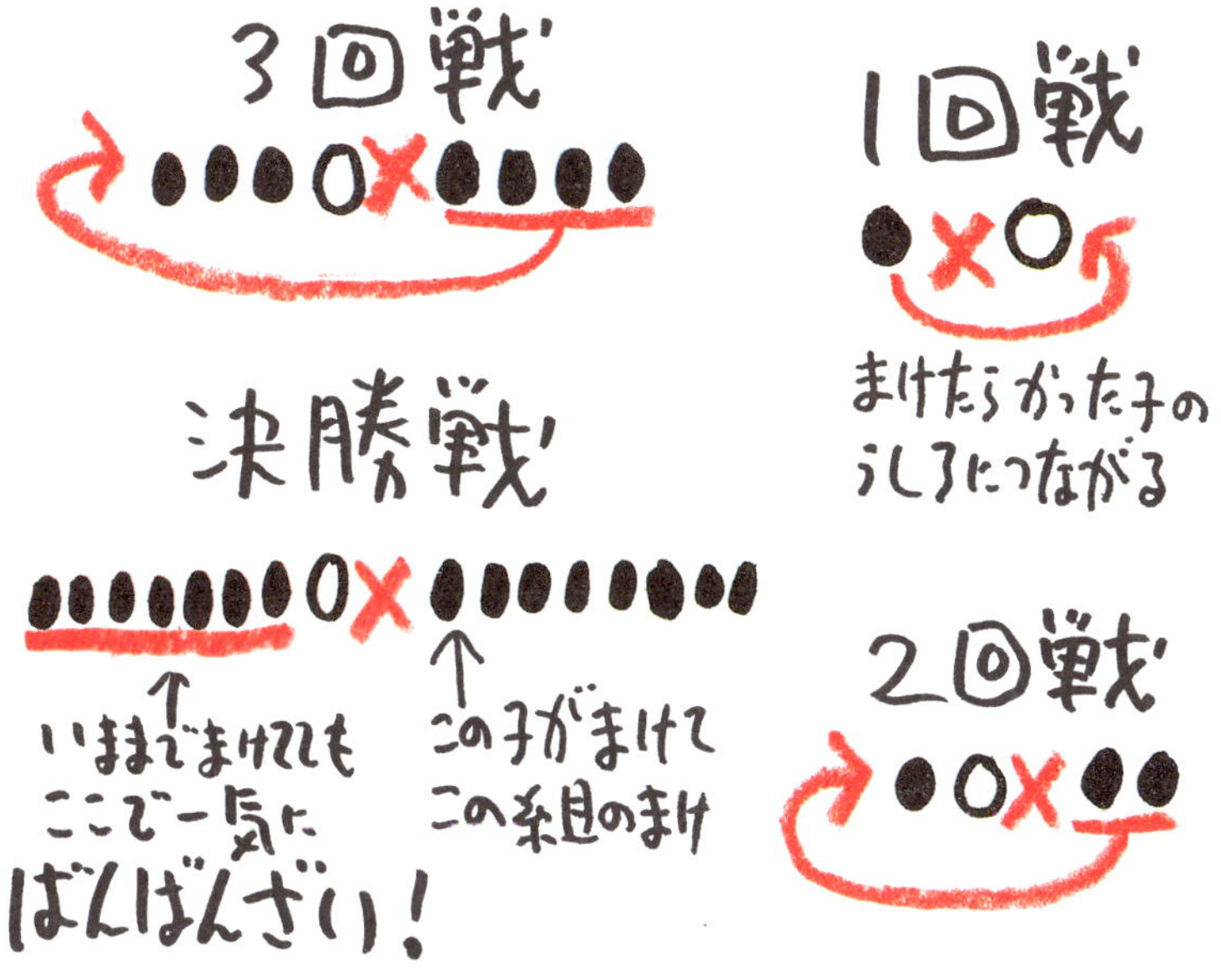

はちはちごめんだ

はちはち　ごめんだ　おらまだ　ぼぼだ

「はちさん、わたしはまだ小さいから、ささないでね」という意味の歌です。はちにあったら、小さい声でうたって　そうっとあるきましょう。

もぐらどん

もぐらどんの　おやどかね
つち　ごろり　まいった　ほい

ねているもぐらをおこして、つかまえオニごっこであそびます。

●オニ（もぐら）を一人きめます。みんなは輪になって手をつなぎ、もぐらは輪の真ん中でねています。

「もぐらどんの　おやどかね」　右へ8歩あるきます。

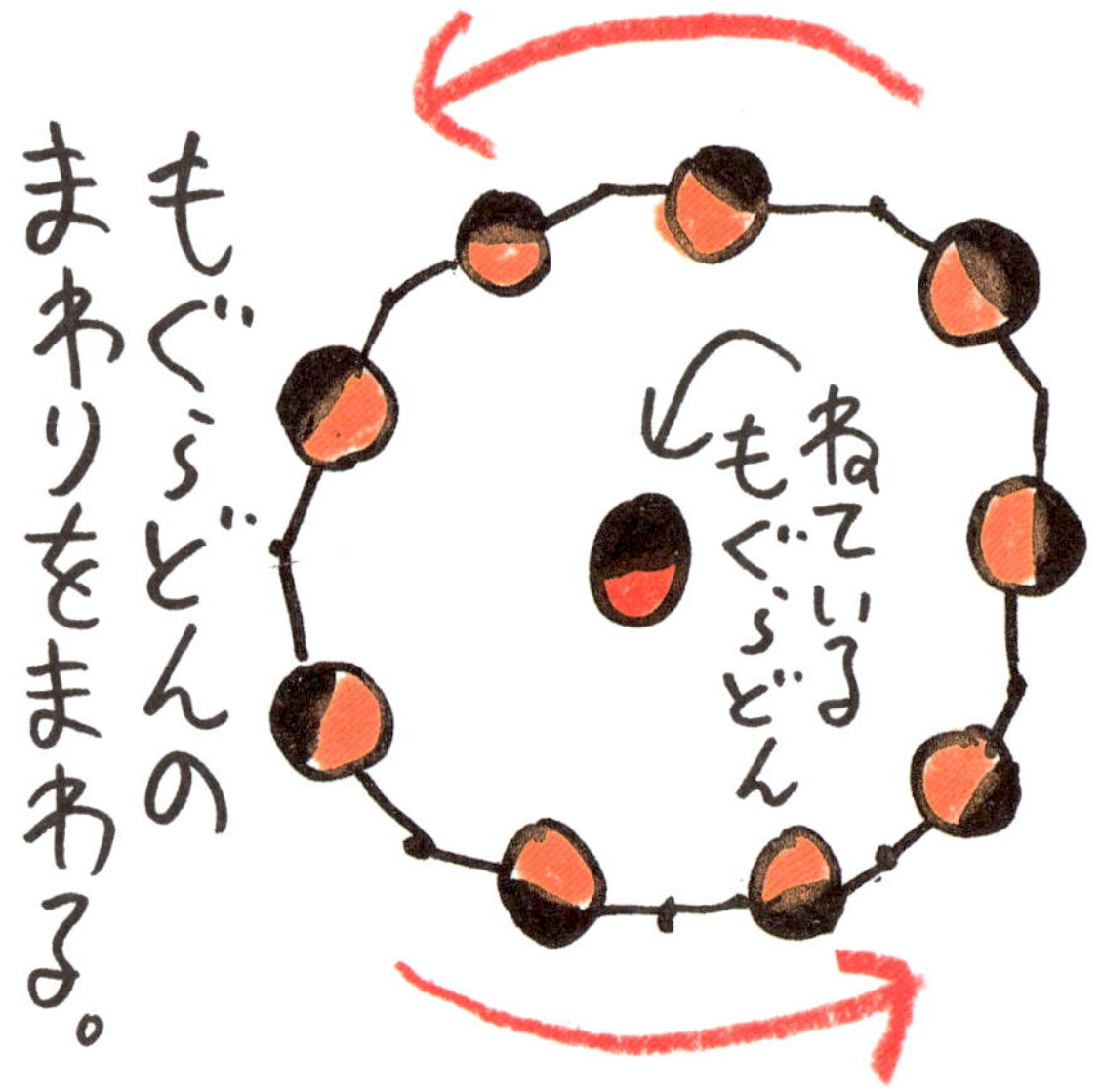

「つち　ごろり　まいった」

「ほい」

輪の中にむかって、6歩あるきます。

もぐらをかこんでとまります。


「もぐらさん、もぐらさん、おきなさい。あさですよ」

と声をかけ、もぐらがおきたら、いっせいに手をはなしてにげます。もぐらはおいかけて一人をつかまえ、つかまった子がつぎのもぐらになります。

「あさですよ」のところは、すきなようにかえます。なんといっておこすかは、みんなで相談してもいいし、おこし役をきめて、その子が考えてもいいでしょう。とんとんやかたの子どもたちは、「ケーキがやけましたよ」「ごはんですよ」「火事ですよ」「幼稚《ようち》園《えん》におくれますよ」「あそびましょう」などといっておこしています。

短い歌なので、もぐらはどんどんいれかわります。

もぐらさん
もぐらさん
どーろこーじが
はじまるよお

どど
どど

もぐらがおきたら
それ、にげろお。

めんめんたまぐら

めんめん　たまぐら　つのだせ　やりだせ

たまぐらは、「かたつむり」のことです。

かたつむりを見つけたときに、「つの、だしてごらん」「やり、だしてごらん」とうたう歌です。

●とんとんやかたでは、かたつむりを見たり、つのにさわったりしたあとで、先生がたまぐらになります。うずくまって手をかるくにぎり、ひとさし指をつののようにして、子どもたちが「つのだせ　やりだせ」とうたったら、すこしずつのばします。だれかがさわったら、ひっこめます。

●子どもたちもたまぐらになったつもりで、うたいながら、つのをだしたり、ひっこめたりしてあそびます。

このめだまに
ちょっと
さわると
ひゅっと
ひっこむよ。
ここんとこをちょっとさわる
ここんとこ

おふねがぎっちらこ

おふねが　ぎっちらこ　ぎっちらこ　ぎっちらこ

舟《ふね》こぎあそびの歌です。

●二人でむかいあって足をだしてすわり、両手をつないで、ぎっこん、ばったんしながら舟《ふね》をこぎます。ひっぱったり、ひっぱられたりするときの、体の大きい動きがここちよい歌です。

●小さい子は、おとながひざにのせてこぎます。どの子も体をあずけてうれしそうにこいでいます。ゆっくりこいだり、はやくこいだりして、たのしみます。

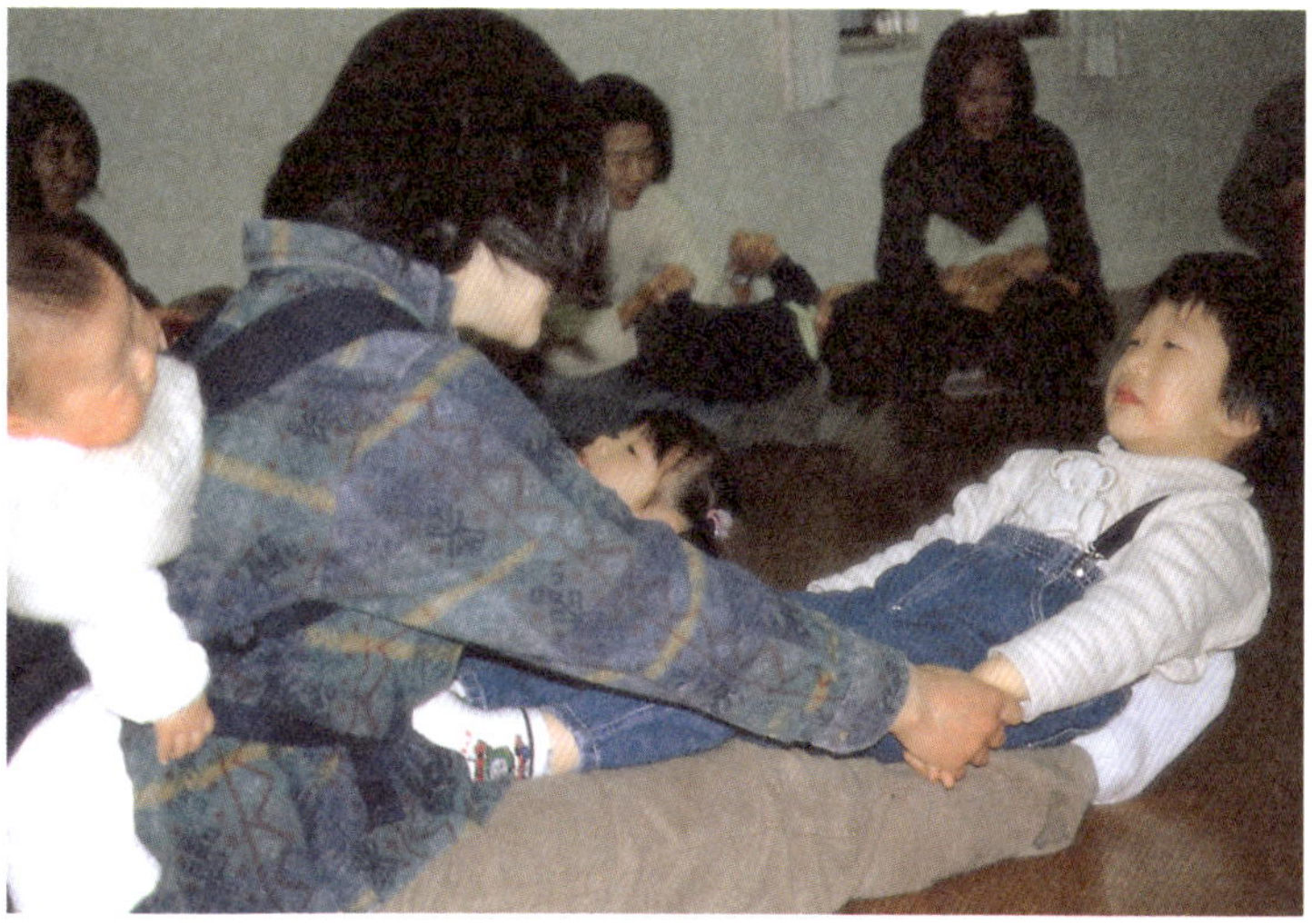

しっかり手をにぎって、力いっぱいこぎます

←頭を床にぶつけないように、気をつけてね。

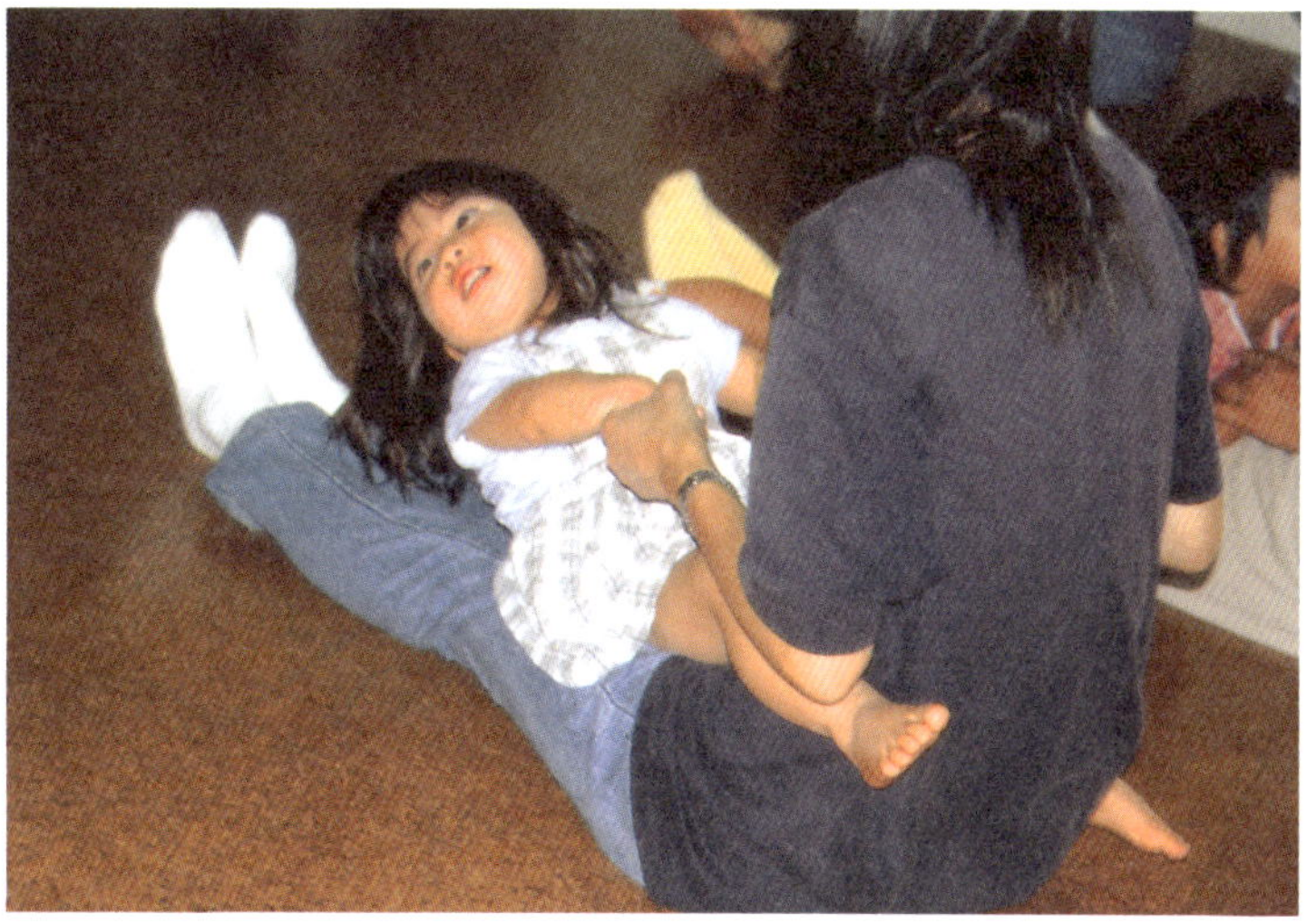

ぎっちらこ　ぎっちらこ

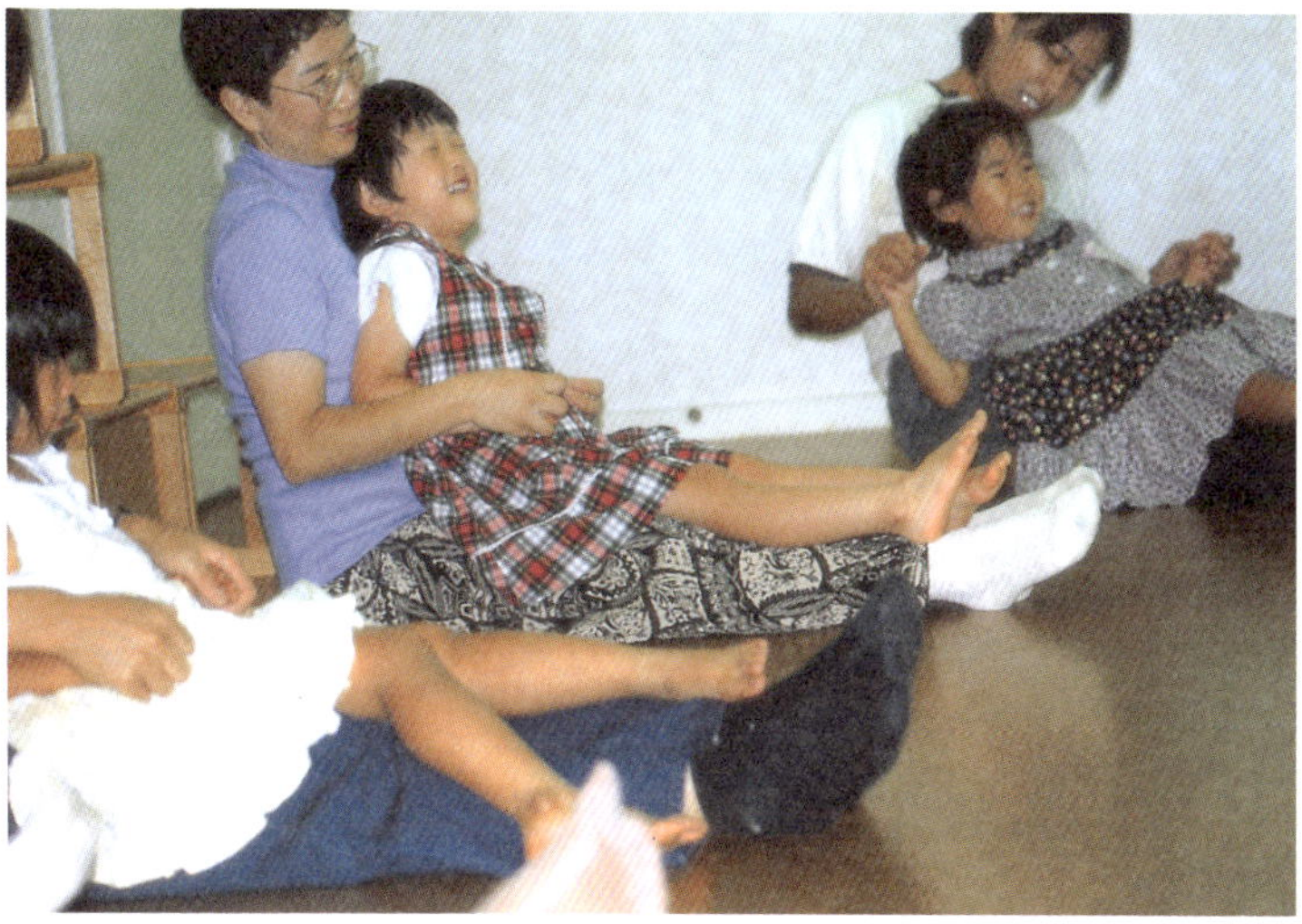

ヒューヒュー
風がでてきます。
大波だあー
あぶなーい
ゆれるよー。

せんぞうや　まんぞう

せんぞうや　まんぞう　おふねは　ぎっちらこ
ぎっちらぎっちら　こげば　みなとが　みえる
えびすか　だいこくか　こっちゃ　ふくのかみよ

これも、舟《ふね》こぎあそびの歌です。

●「おふねがぎっちらこ」とおなじようにあそびます。

●二人で輪唱《りんしょう》をします。一人が「せんぞうや　まんぞう」までうたったら、もう一人がうたいはじめ、おいかけてうたっていきます。二人でうたうと、二そうの舟《ふね》がゆっくりすすんでいくようです。
おおぜいなら、横一列にならんで腕《うで》をくみ、体を左右にゆすって、舟《ふね》にゆれるようにしてうたいます。二列になって輪唱《りんしょう》もできます。

こんなふうに、なが――――いサオにつかまって、おふねをこぐのもだいすき。

まだしんまいのこぎてさん
さあ、いってみるかあー

足をふんばって力いっぱい
元気にこぎます

こちらはべてらんのこぎてさん

もうすぐ終点です

つぎのこぎてさんたちがまっています

さあ、こぐぞー

なんべんもうたったら、「ごじょうせんありがとうございました。この舟はこちらが終点になっておりまーす」といって、つぎのこぎてさんたちとこうたいします。

たなばたのかみさん

たなばたの　かみさんが　たなからおちて　はいもぐれ
たなばたの　かみさんが　たなからおちて　はいもぐれ
うりや　なすびが　きげんとる　うりや　なすびが　きげんとる

七夕《たなばた》の歌ですが、この歌でつながりオニのあそびをします。

●オニ（七夕《たなばた》の神《かみ》さん）を一人きめます。

輪になって手をつなぎ、オニは真ん中に立ちます。みんなはうたいながら、右へ16歩（「はいもぐれ」まで）、左へ16歩（もう一回「はいもぐれ」まで）あるきます。オニは歌にあわせて、手をたたいたり、おどったりします。

二回目の「はいもぐれ」で、みんなは、つないだ手を高くあげてとまります。オニは「うりや　なすびが　きげんとる」とうたいながら、みんなの手の下をくぐって走りまわり、「る」で、だれかのおしりをたたきます。たたかれた子は、すぐに輪からはなれてオニのうしろにつながり、いっしょに「うりや　なすびが　きげんとる」とうたいながら走ります。のこった輪の子は、一人へるたびに輪をだんだん小さくしていき、高くあげている手をつなぎなおします。

全員がオニのうしろにつながるまでつづけ、みんなでながーくつながって走りまわります。いちばんさいごにおしりをたたかれた子が、つぎのオニです。

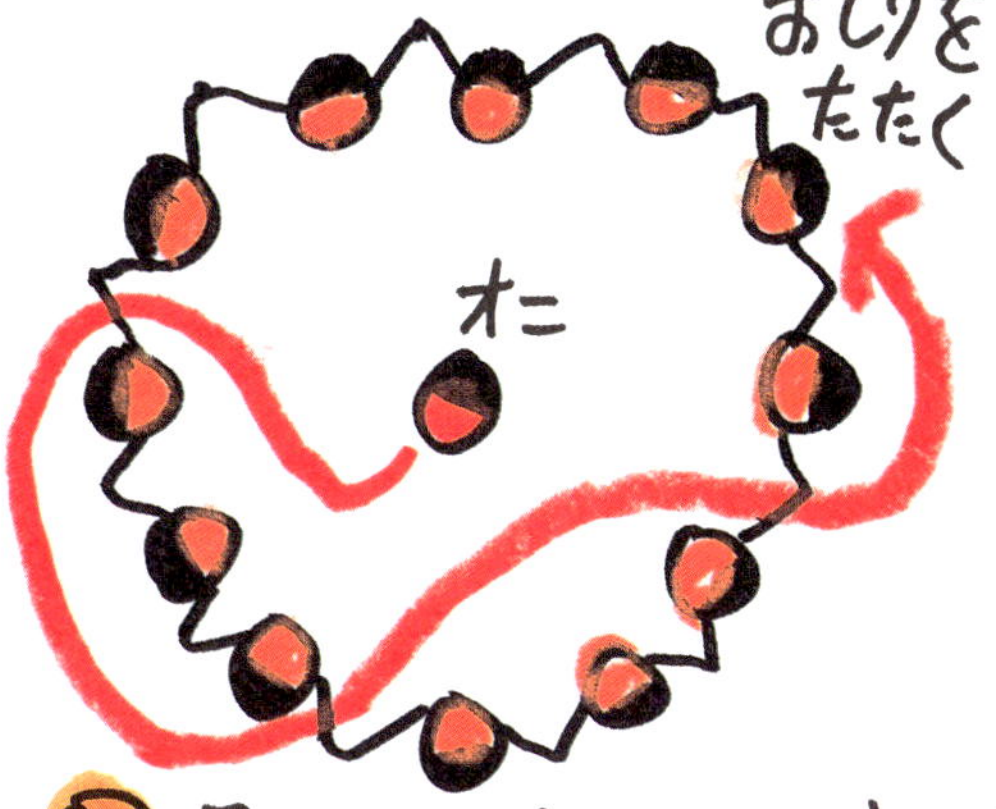

③「る」でだれかのおしりをたたく。たたかれた子は、オニのおしりにつながる。

④でおしりをたたかれた子は、③でたたかれた子のうしろにつながる。

⑤

↑みんなしっかりつかまってえ、それうりやなすびがきげんとる←

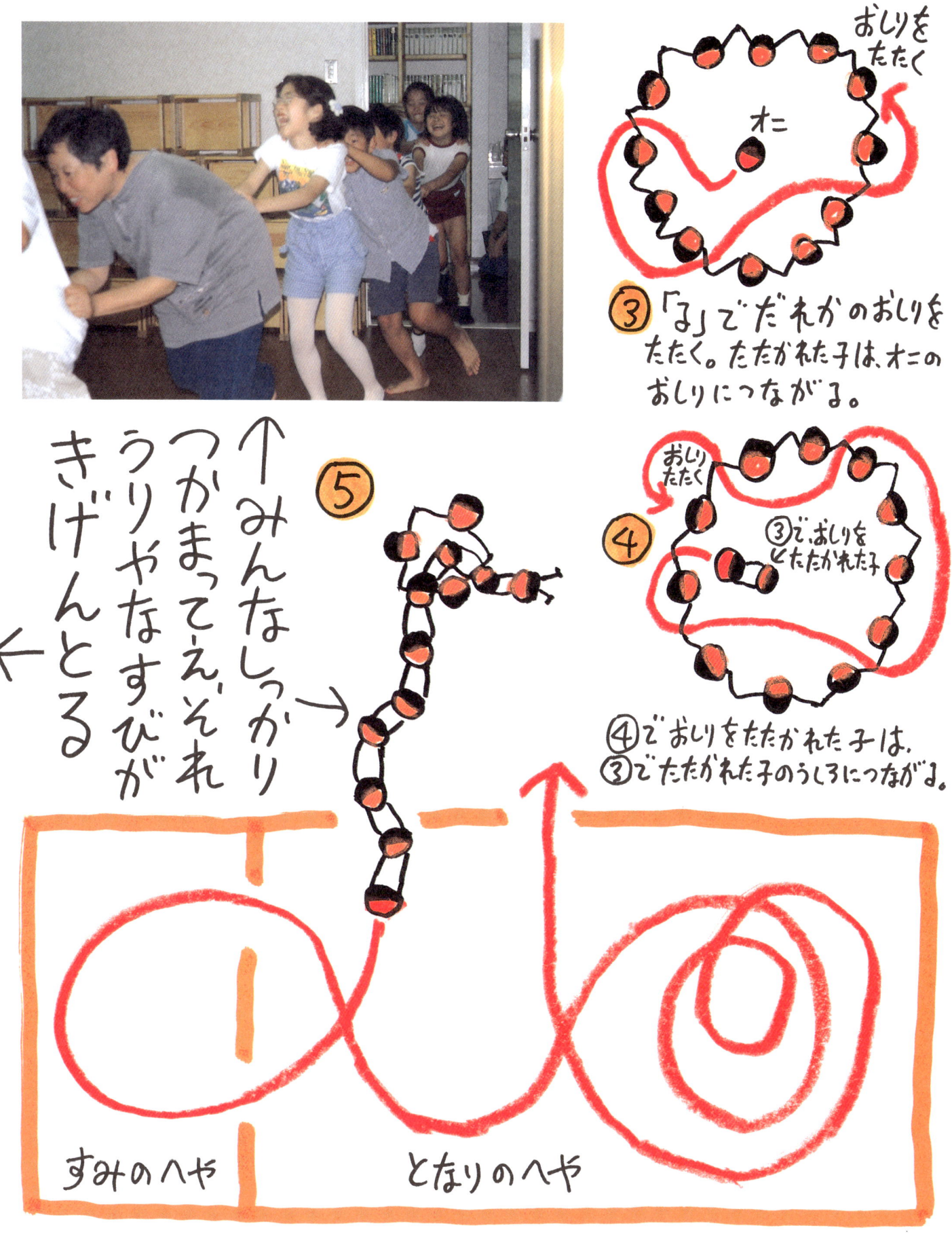

たながらおちてはいもぐれ

ひとりでおどるのは、オニもちょっとはずかしいからね。みんなでおどろ。

うーりやなすびがきげんとる

たなばたのかみさんが

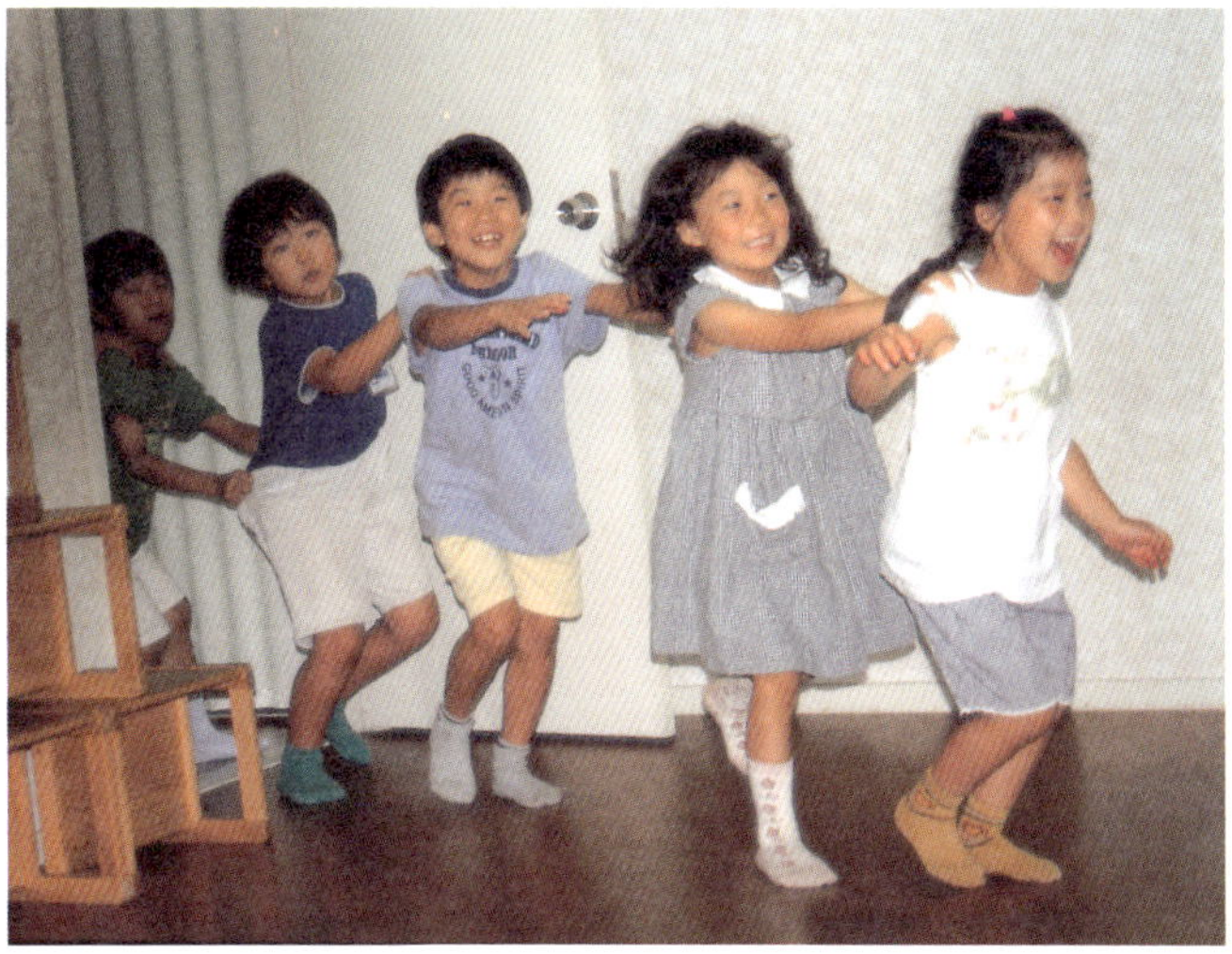

うりやなすびがきげんとる

車輪の子がふたりになったんだよね
さあ、みんながつながったぞお

ひやあ～、くたくただあ

わあ——、ながいながい

ほたるこい

ほたるこい　やまみちこい　あんどの　ひかりを　ちょいとみて　こい

ほほほたるこい

ほ　ほ　ほたるこい　あっちの　みずは　にがいぞ
こっちの　みずは　あまいぞ　ほ　ほ　ほたるこい

夏の夜に、「ほたるさん、こっちにおいで」と、ほたるをさがしながらうたう歌です。

●二つの歌をあわせてうたうと、ちがう歌どうしなのに、とてもきれいにひびいて、ほたるがたくさんとびかっているようです。このときは、「ほたるこいやまみちこい」のほうは二回くりかえしてうたいます。

かわのきしのみずぐるま

かわのきしの　みずぐるま　ぐるっと　まわって
いそいで　ふたりづれ　のこりは　おによ　いちにっさん

いそいで相手をさがして、二人組になるあそびの歌です。

●奇数《きすう》人数であそびます。さいしょに、「手をつないでしゃがむとき、となりの人とはつなげません」という約束をしてからはじめます。

「かわのきしの　みずぐるま」　輪になって手をつなぎ、右へ8歩あるきます。

「ぐるっと　まわって」　左へ8歩あるきます。

「いそいで　ふたりづれ」　右へ8歩あるきます。

「のこりは　おによ」　左へ8歩あるきます。

「いちにっさん」　とまって手をはなし、自分の手を3回たたきます。いそいで相手をさがし、二人ずつ手をつないで、その場でしゃがみます。

← ここから2回目

あまった一人がオニ（水車《すいしゃ》の軸《じく》）になり、輪の中に立ちます。オニは歌の速さと高さをきめて、手をたたきながら「どうぞ」とうたいはじめ、みんなはそれにあわせてうたってあるきます。オニはこんどはだれとでも手をつなげます。何回もくりかえしてあそびます。どの子もオニになりたくないので、ひっしになって手をつなぐ相手をさがします。

小さい子のばあいは偶数《ぐうすう》人数にして、かならずだれかと手がつなげるようにしてもいいでしょう。

← 1回目は、こんなふうにオニなしでやります。

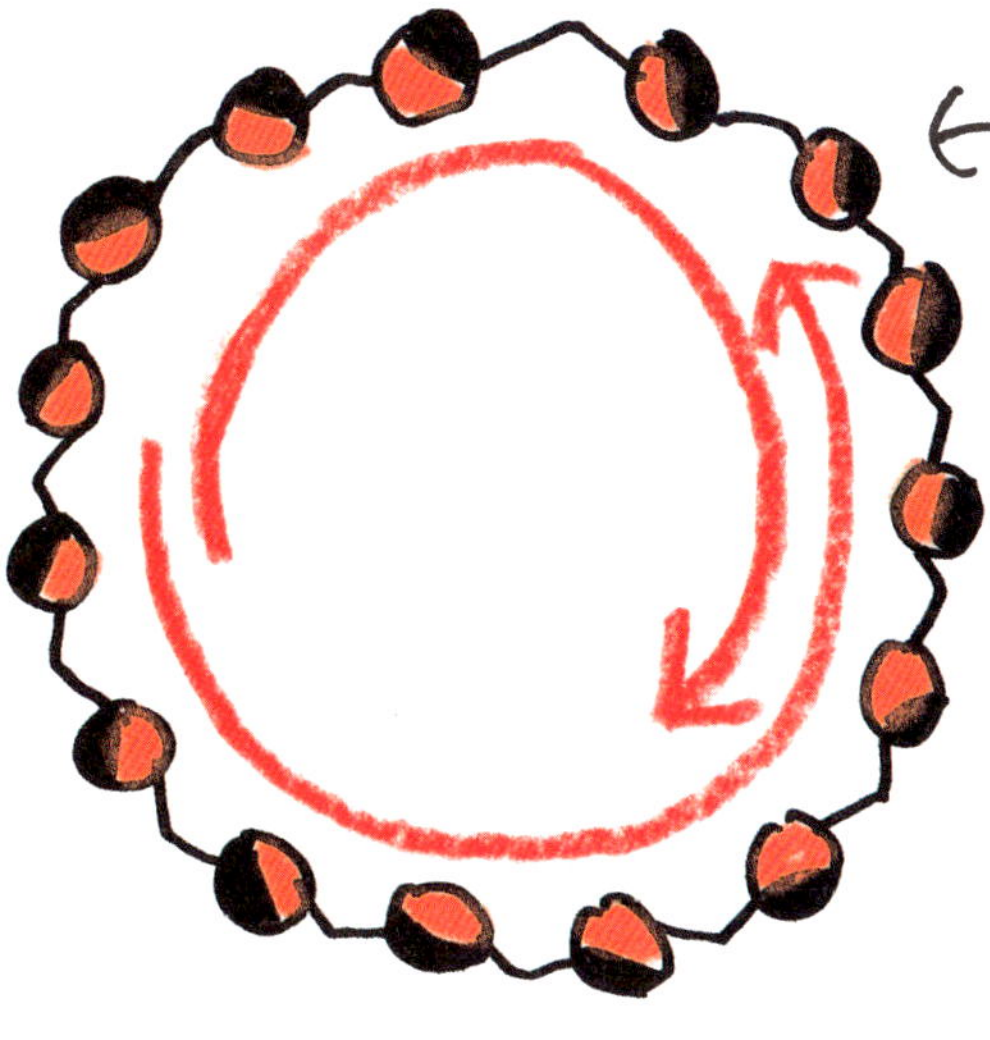

↓ オニは相手のきまった子でも、自分のものにできる。オニもいいことあるよ。でも、オニに相手をとられたらくやしーーーい。

げろげろがっせん

げろげろがっせん　ごめんやす　あとから　よいどが　ぼってくる
もんをしめた「なんもんで　とおす」「さんもんで　とおす」
「もうちっと　おまけ」「おまけは　ならぬ」じゃんけんぽん

じゃんけんの勝ち負けで、門になる子がいれかわる、通せんぼあそびの歌です。

●二人ずつ手をつなぎ、さいしょにオニ（門）になる組をきめます。オニの組は、片手《かたて》をつないで高くあげ、門をつくります。ほかの組は、その門をくぐってあるきます。

「げろげろがっせん　ごめんやす　あとから　よいどが　ぼってくる」

うたいながらあるきます。


「もんをしめた」

オニは、あげた手をおろして通せんぼをします。ここからは通せんぼされた二人と、オニの二人だけがうたいます。


「なんもんで　とおす」

通せんぼされた二人がうたいます。


「さんもんで　とおす」

オニがうたいます。


「もうちっと　おまけ」

通せんぼされた二人がうたいます。

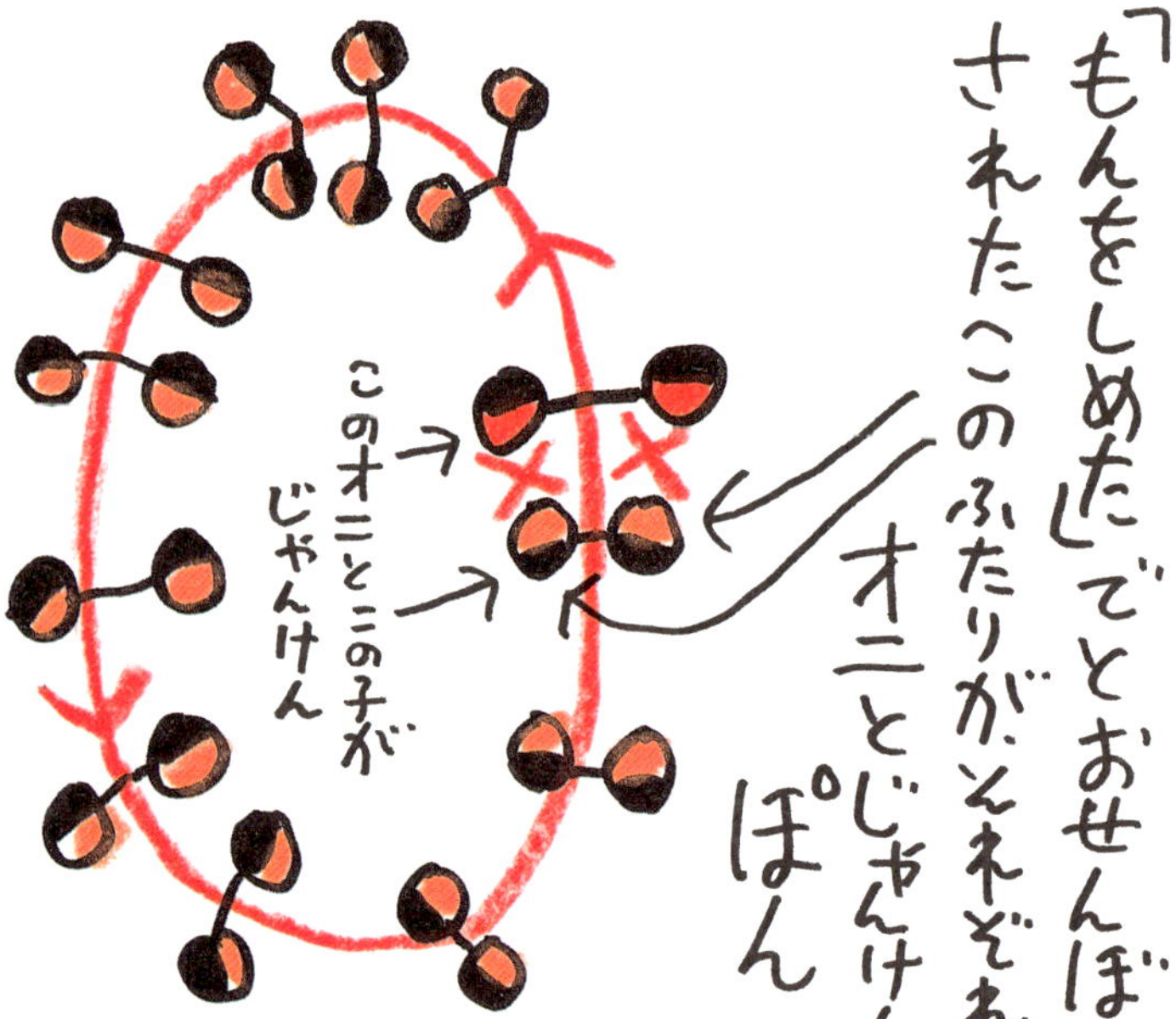
「もんをしめた」でとおせんぼされたこのふたりがそれぞれオニとじゃんけんぽん
このオニとこの子がじゃんけん

「おまけは　ならぬ」
「じゃんけんぽん」

オニがうたいます。
通せんぼされた二人とオニが、むかいあったどうしで、それぞれじゃんけんします。

負けた二人はつぎの門になり、勝った二人は、手をつないでいばって門をくぐります。何回もくりかえしてあそびます。
「えっへん」をいうと、じゃんけんに勝ったうれしさが倍になります。

勝った勝った
わしらが勝った

えっへん

負けたふたりが
オニになり門をつくる。
勝ったふたりが、いばって
その門をくぐる。

えっへん

うちのせんだんのき

うちの　せんだんのき　せびがちって　なくよ
どんどんしゃんしゃん　どんしゃんしゃん
せびがちって　なかんときゃ　びっきがちって　なくよ
どんどんしゃんしゃん　どんしゃんしゃん
うちの　くぐりどは　くぐりよか　ところ
どんどんしゃんしゃん　どんしゃんしゃん
うちの　くぐりどは　くぐりにくか　ところ
どんどんしゃんしゃん　どんしゃんしゃん

にぎやかな回転あそびの歌です。

●二人組の二重輪になり、むかいあって両手をつなぎます。

「うちの　せんだんのき　せびがちって　なくよ」

「せみがきて なくよ」ってこと。

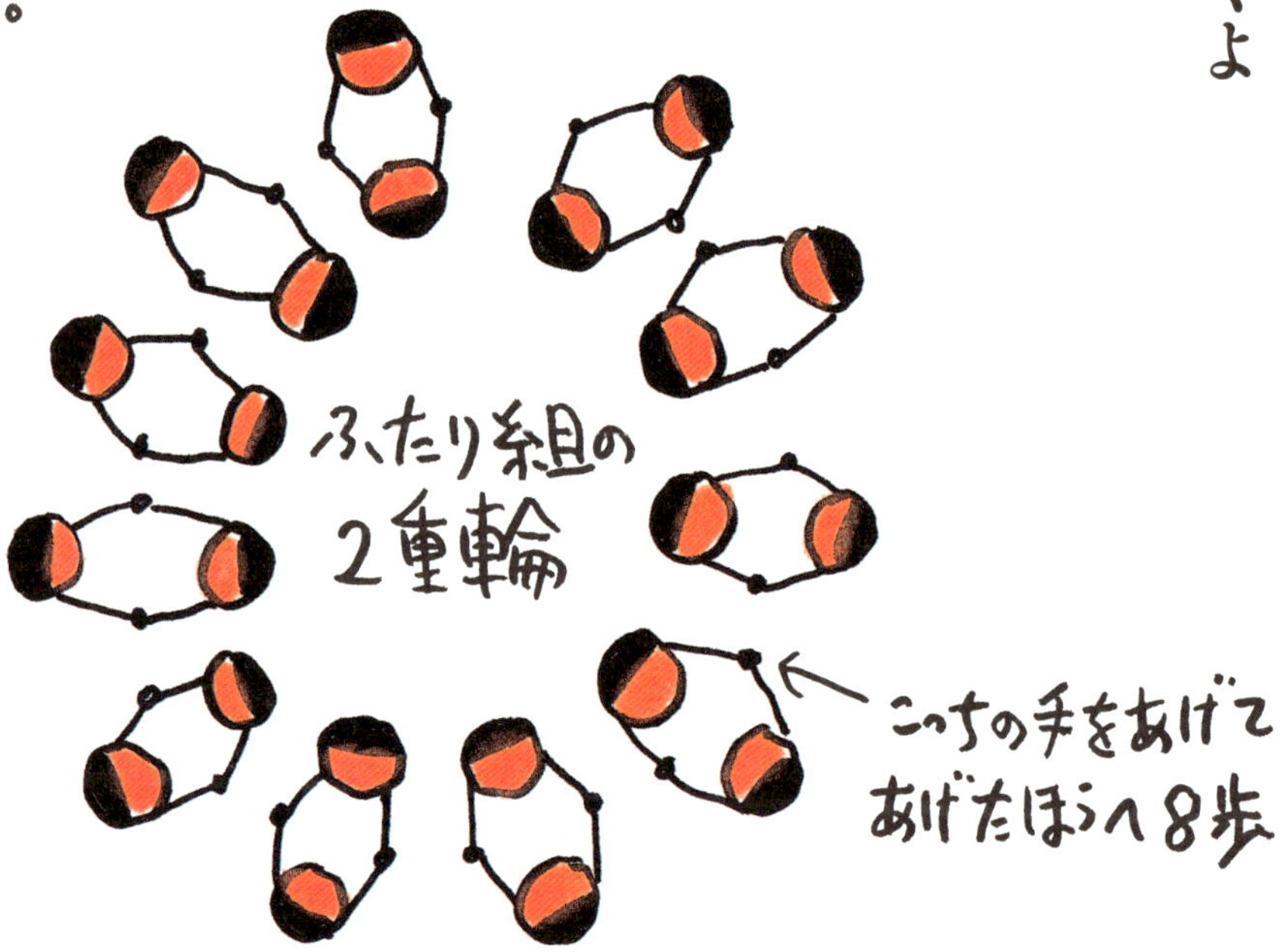

「どんどん」　両手をつないだまま、外がわの子が右手、内がわの子が左手を高くあげ、あげたほうへ8歩あるきます。
あげていた手をおろして、もうかたほうの手の上に重ねます。

「しゃんしゃん」　重ねた手をひらきます。

「どんしゃんしゃん」　重ねる、ひらくをくりかえし、

「せびがちって　なかんときゃ　びっきがちって　なくよ」
反対の手を高くあげ、あげたほうへ8歩あるきます。

「どんどんしゃんしゃん」　あげた手をおろし、重ねる、ひらくを2回くりかえし、

「うちの　くぐりどは　くぐりよか　ところ」
外がわの子は右手、内がわの子は左手をつないだまま高くあげ、あげた手の下をくぐって、ひとまわり。

「どんどんしゃんしゃん　どんしゃんしゃん」
あげた手をおろし、重ねる、ひらくを2回くりかえし、

「うちの　くぐりどは　くぐりにくか　ところ」
反対の手を高くあげ、くぐってひとまわり。

「どんどんしゃんしゃん　どんしゃんしゃん」
あげた手をおろして、重ねる、ひらくを2回くりかえします。

歌がおわったら手をはなし、外がわの子が右に動いて、相手をかえてくりかえします。大きい子は、あげた手をくぐるとき、2回、3回、4回と、何回まわれるか競争します。

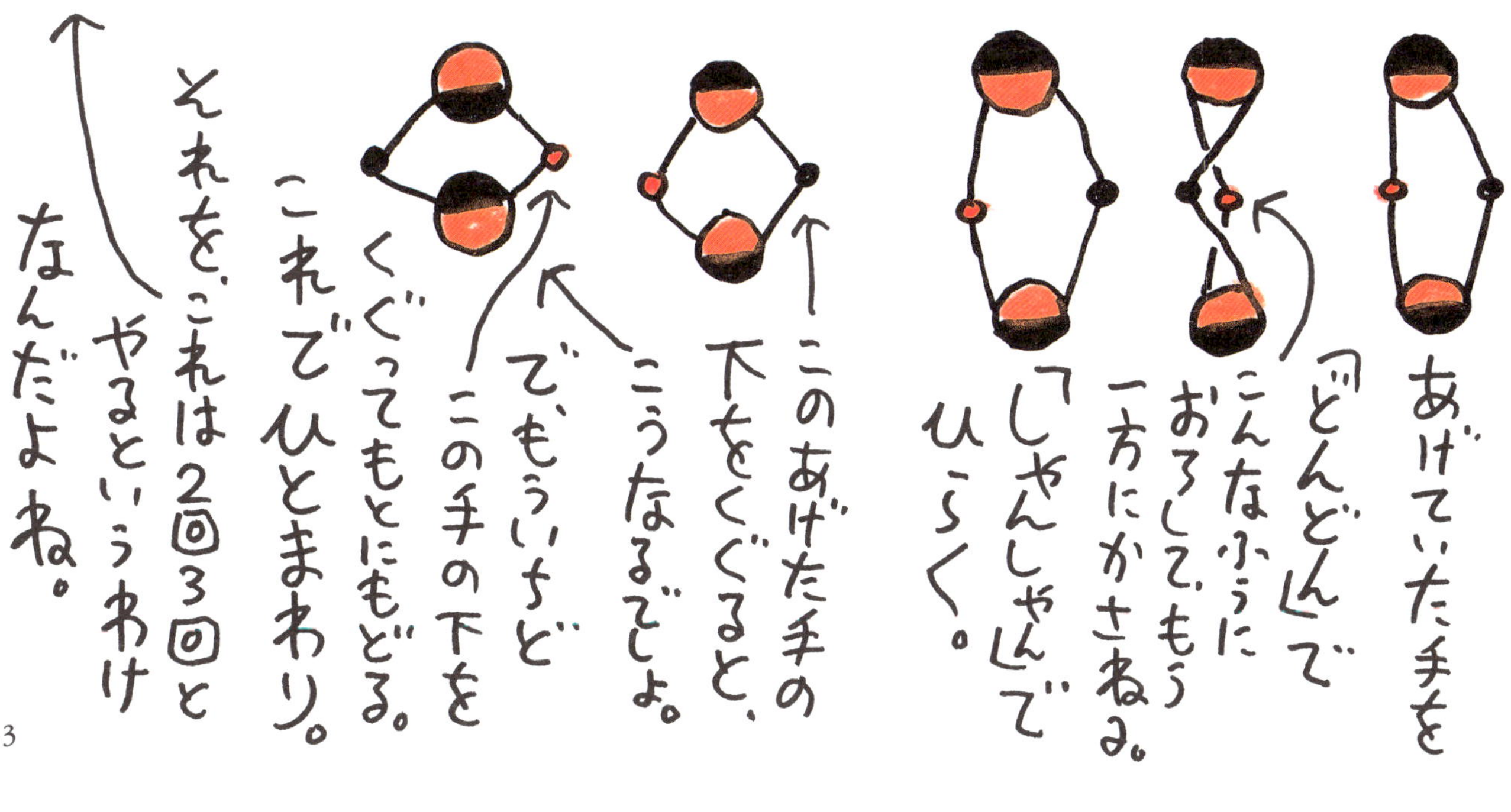

うちのくぐりどはくぐり
にくか——と——ころ

せびがちってなかんときゃ

どんどんしゃんしゃん どんしゃんしゃん

くぐりよかとーころ

ほおずきばあさん

「ほおずきばあさん　ほおずきおくれ」

「まだ　めがでないよ」

「ほおずきばあさん　ほおずきおくれ」

「もう　めがでたよ　どれでもいいから　ぬいとくれ」

「げんちゃんほおずき　ぬいた」


子もらいあそびの歌です。

とんとんやかたでは夏のおわりに、ほおずきで、ほおずき人形やほおずき笛をつくったあと、みんなも、ほおずきになったつもりであそびます。

●おばあさん役とオニ役をきめます。のこりの子どもたちはほおずきになって、土の中にもぐりこむように、めいめいしゃがんで小さくなります。

「ほおずきばあさん　ほおずきおくれ」

すこしはなれたところから、オニが小さな声でうたいます。

「まだ　めがでないよ」

おばあさんがうたいます。

「ほおずきばあさん　ほおずきおくれ」

オニはだんだん近づいてきて、こん

このほおずき、ぶりこせんせいが庭でそだてたんだって。

どはすこし大きな声でうたいます。

「もう　めがでたよ　どれでもいいから　ぬいとくれ」

おばあさんがうたいます。

オニが、頭をもちあげてぬいてほしそうにしている子の名前をうたいながら、一人をぬきます。

「げんちゃんほおずき　ぬいた」

ぬかれた子は、オニの仲間になって、オニと手をつないで「ほおずきばあさん　ほおずきおくれ」と、つぎのほおずきをもらいにいきます。

おばあさんは、「まだ　めがでないよ」をくりかえしたり、頭をもちあげた子の名前をいって、「たろうちゃんほおずき　ぬいとくれ」とうたったり、「女の子ほおずき　ぬいとくれ」とか、「はじからどんどん　ぬいとくれ」とうたったりします。オニはおばあさんの返事にしたがって、一人ぬいたり、二人、三人とまとめてぬいたりして、ぜんぶのほおずきをぬくまでつづけます。

わあ──
ぼく、ほおずきばあ
さんちの あととりに
なるんだってえ。

「あそこに
まだいっぽん
のこってるよ」

「あれは、できがいい
から、あのままのこして
おいて うちの
あととりにする
んじゃ」

わたしのこんなんだ——
ありゃ、いちばんちいさかったわあ

口の中でならす ほおずき笛は、こうやって
もんでつくるんだよ。↓

ぼくのがいちばんでっかいな
おりがみで きものを作ってあげよう

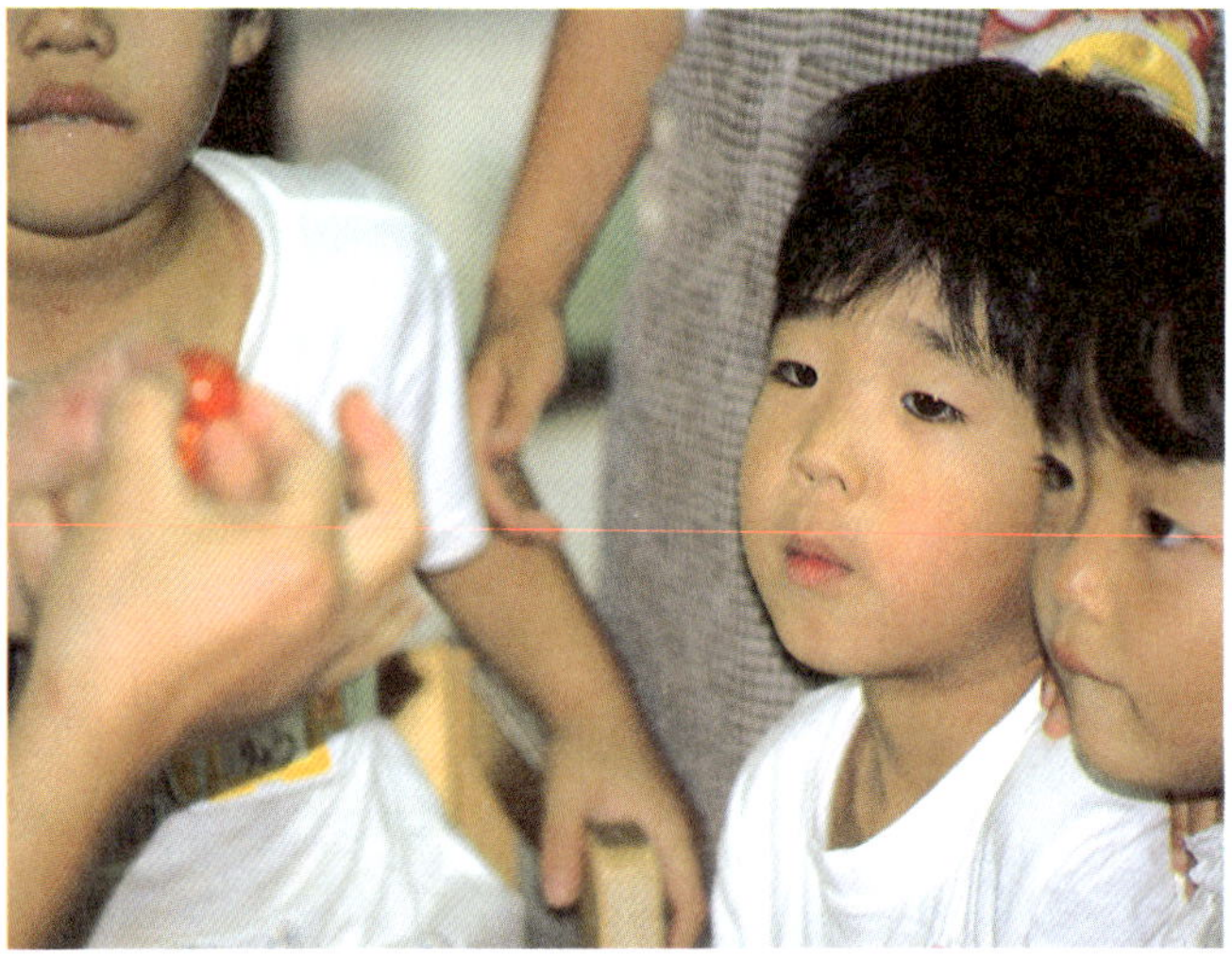

ほら、さわってみて。これでも まだまだ。
中の白いタネがたくさんみえるまで もむのよ。

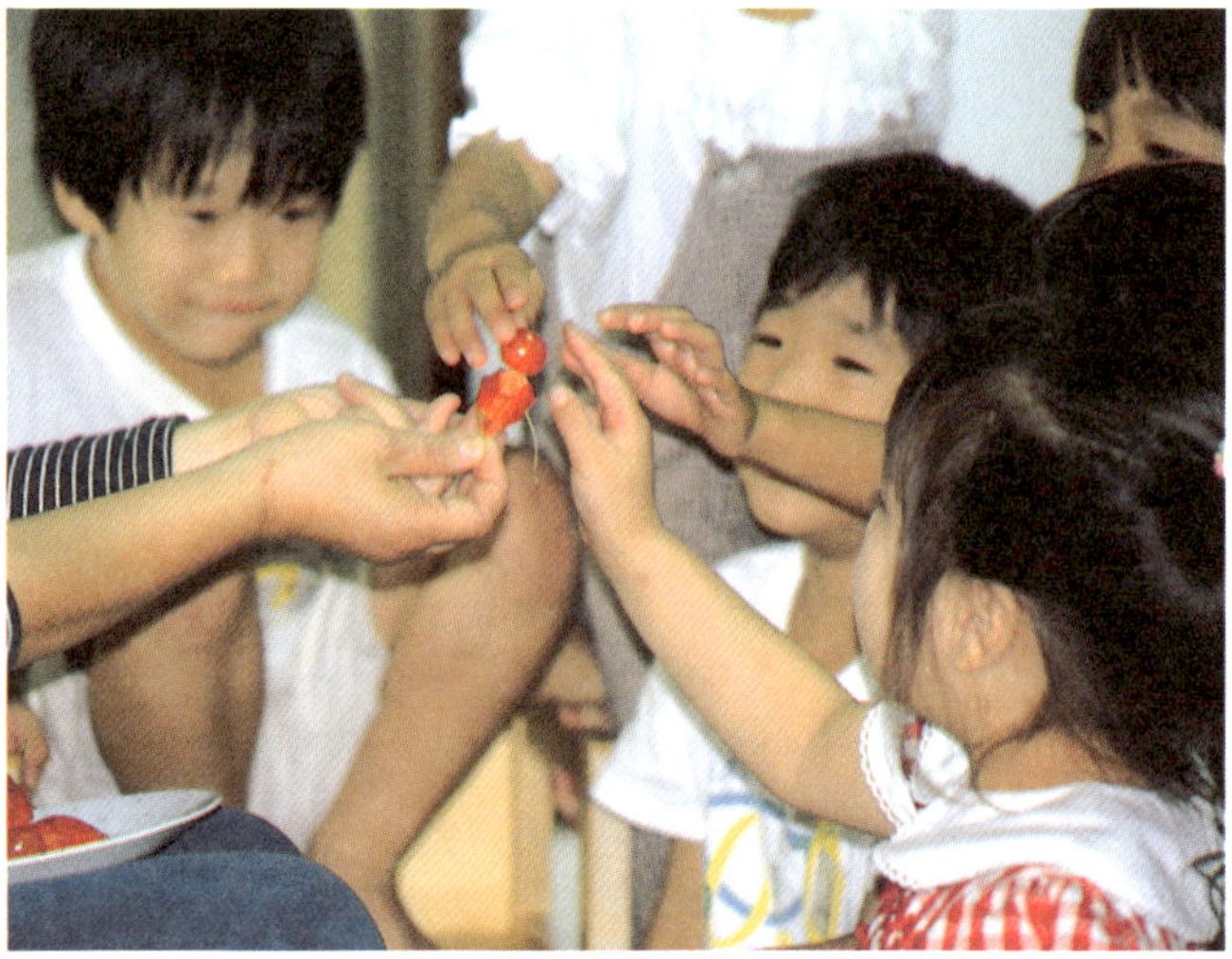

あやかちゃんほおずきぬいた
ともくんほおずきぬいた↘

オニがちいさい子のときは、おばあさんにてつだってもらうといいよ

ほら、おりがみのきものをきたよ。
できたできたほおずき人形、かわいい!

このほおずきまだめがでてないよ。

むりやりぬいちゃうか?

ほおずきばあさん　ほおずきおくれ
せんせいがおばあさん　この子たちがオニ

もどろもどろ

もどろ　もどろ　もものは　もどろ
かえろ　かえろ　かきのは　かえろ

秋、木の葉がいろづくころにうたいます。

●輪になって手をつなぎます。
「もどろ　もどろ　もものは　もどろ」　輪の中にむかって8歩あるきます。

「かえろ　かえろ　かきのは　かえろ」　うしろむきのまま8歩あるいて、もとの輪にもどります。

●おとなが、立って足の上に子どもをのせて、うたいながらあるきます。

●二人でむかいあってうたいながら、手で、相手の体に木の葉をつけるしぐさをします。顔にも頭にもいっぱいつけて、みのむしになります。子どもがおかあさんに、おかあさんが子どもにつけてあげます。

●家に帰るときにもうたいます。このときは、「かきのは　かえろ」を「おうちに　かえろ」とかえてうたいます。

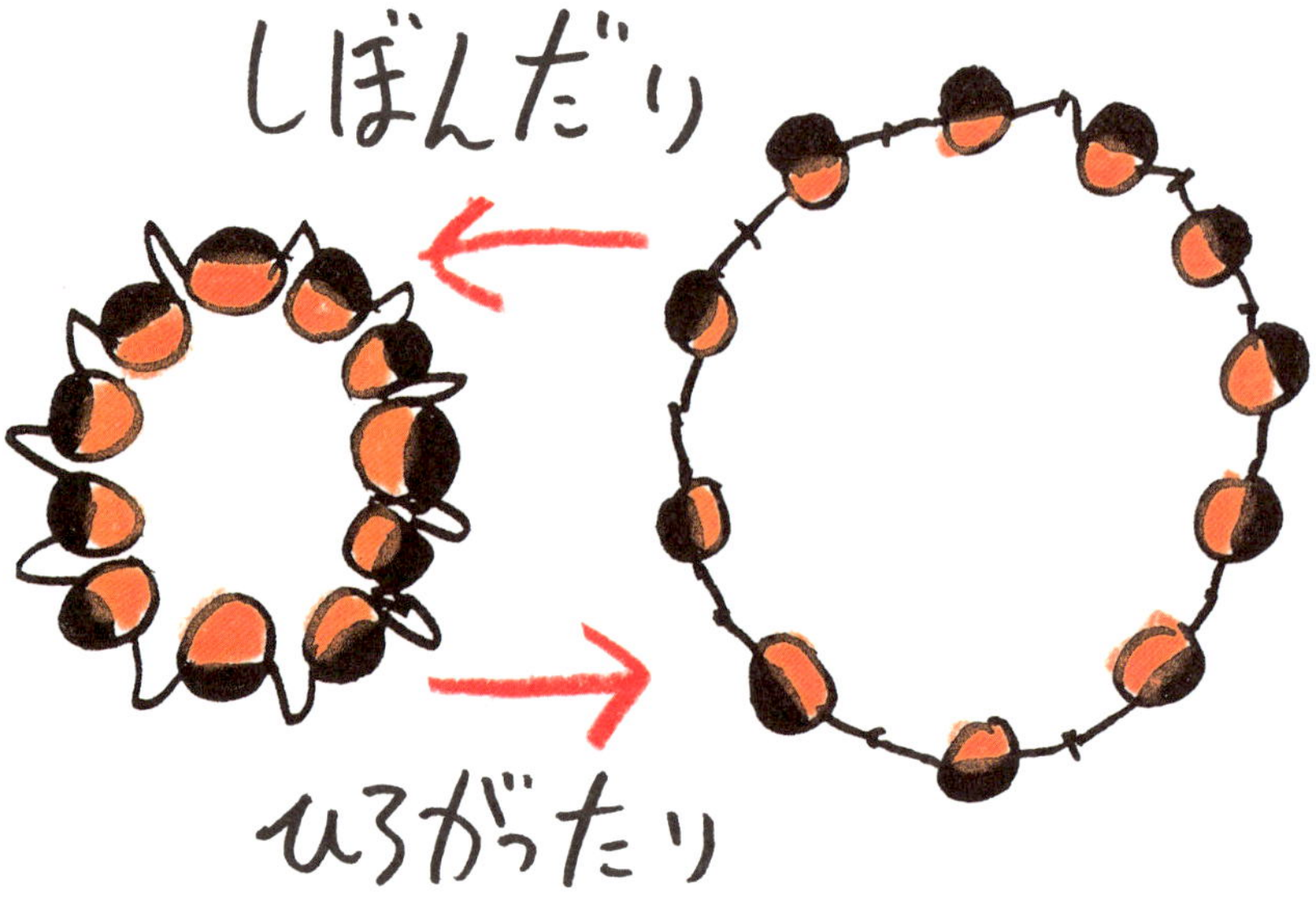

こどもは、輪がちいさくしぼんだり、おおきくひろがったりするのをとてもよろこびます。

かえろかえろかきのはかえろ　もどろもどろもものはもどろ

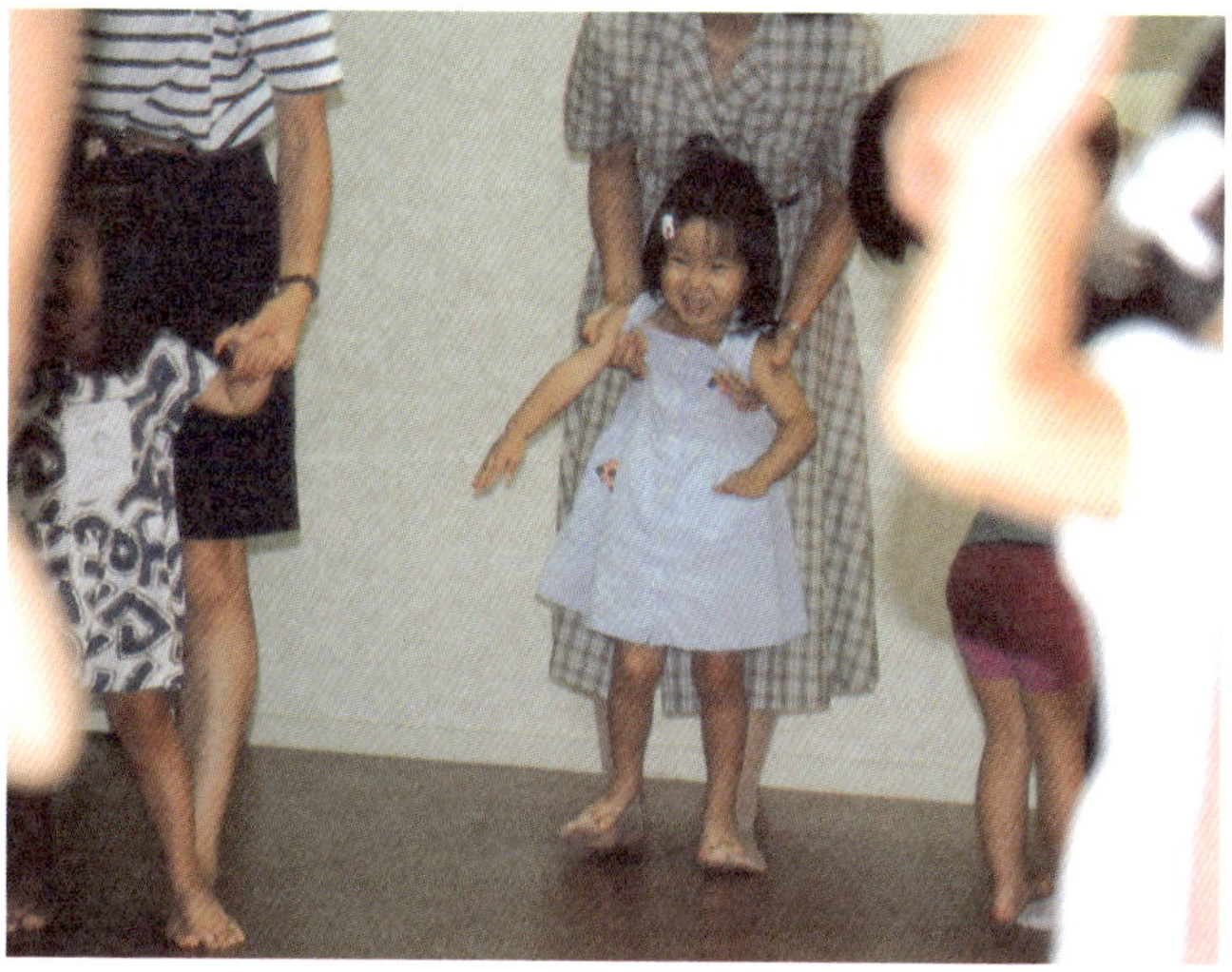

おかあさんの足にうまくのれたあー

こんなふうにすわって
うたったりもします。
手のこうを上にして「もどろ
もどろもものはもどろ」、
くるっと手をかえして
手のひらを上にして「かえろ
かえろかきのはかえろ」
とうたうんですよ。
→

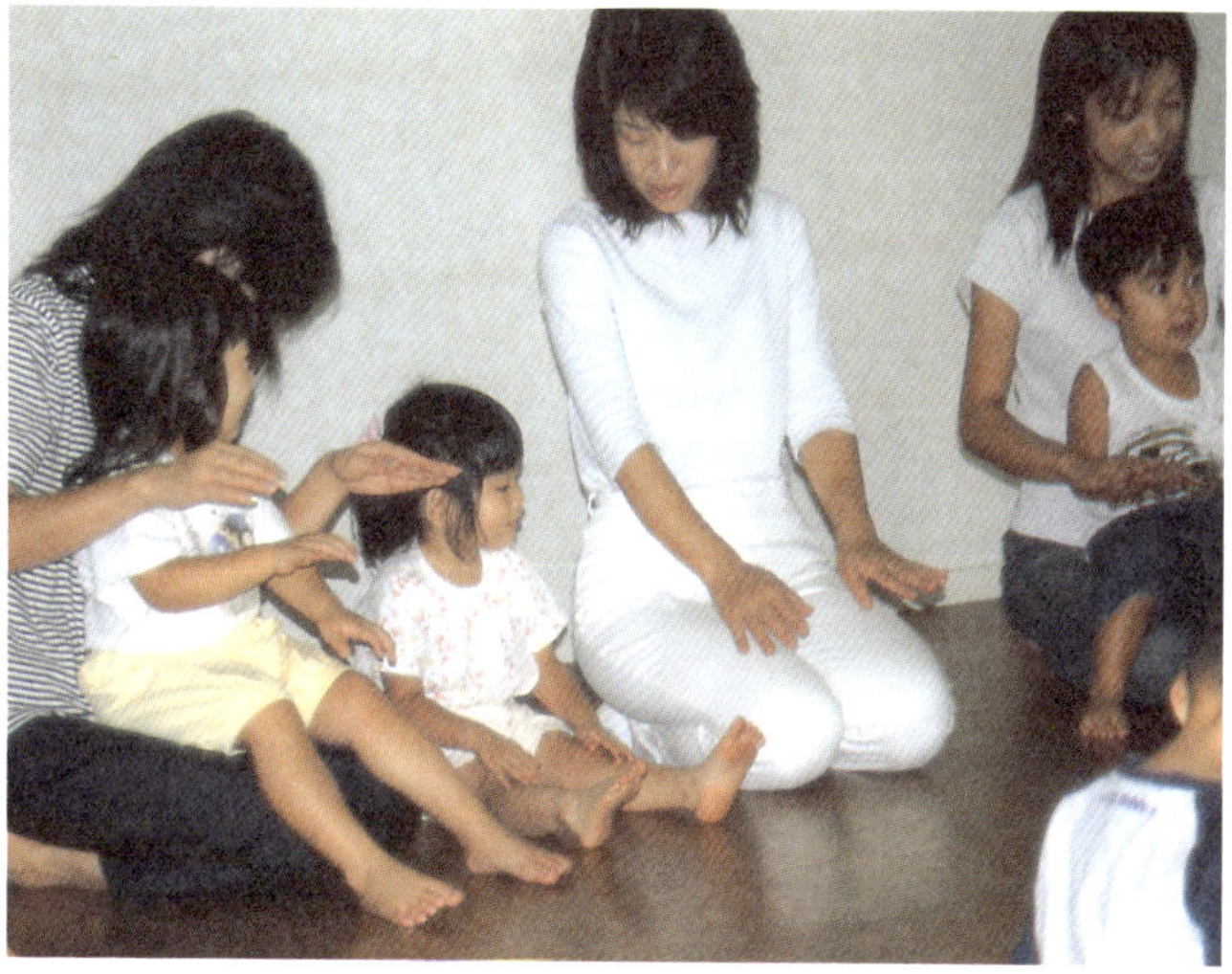

きりすちょん

きりすちょん　こどもに　とられて　あほらし　ちょん

きりすは、「きりぎりす」のことです。秋になって、きりぎりすやばったがでてきたら、子どもたちも虫の子になって、ぴょんぴょんとんであそびます。

●一人ずつすきなところへとんでいったり、みんなで列をつくったりしてとびましょう。

●おとうさんやおかあさんにおんぶしてもらったり、手をつないだりしていっしょにとぶのもたのしいです。

きーりすちょん

おんぶばった
だいすき↑

つながりばった↓

ぼくは たかとびばった
わたしだって まけないよ ぴょーん

こどもにとられて あほらしちょん

ぼくんちは あかちゃんがいるから
だっこばったでーす

せんとうさん はやくとんで、うしろがつかえてるよ
わあー、はやすぎると きれちゃうよ

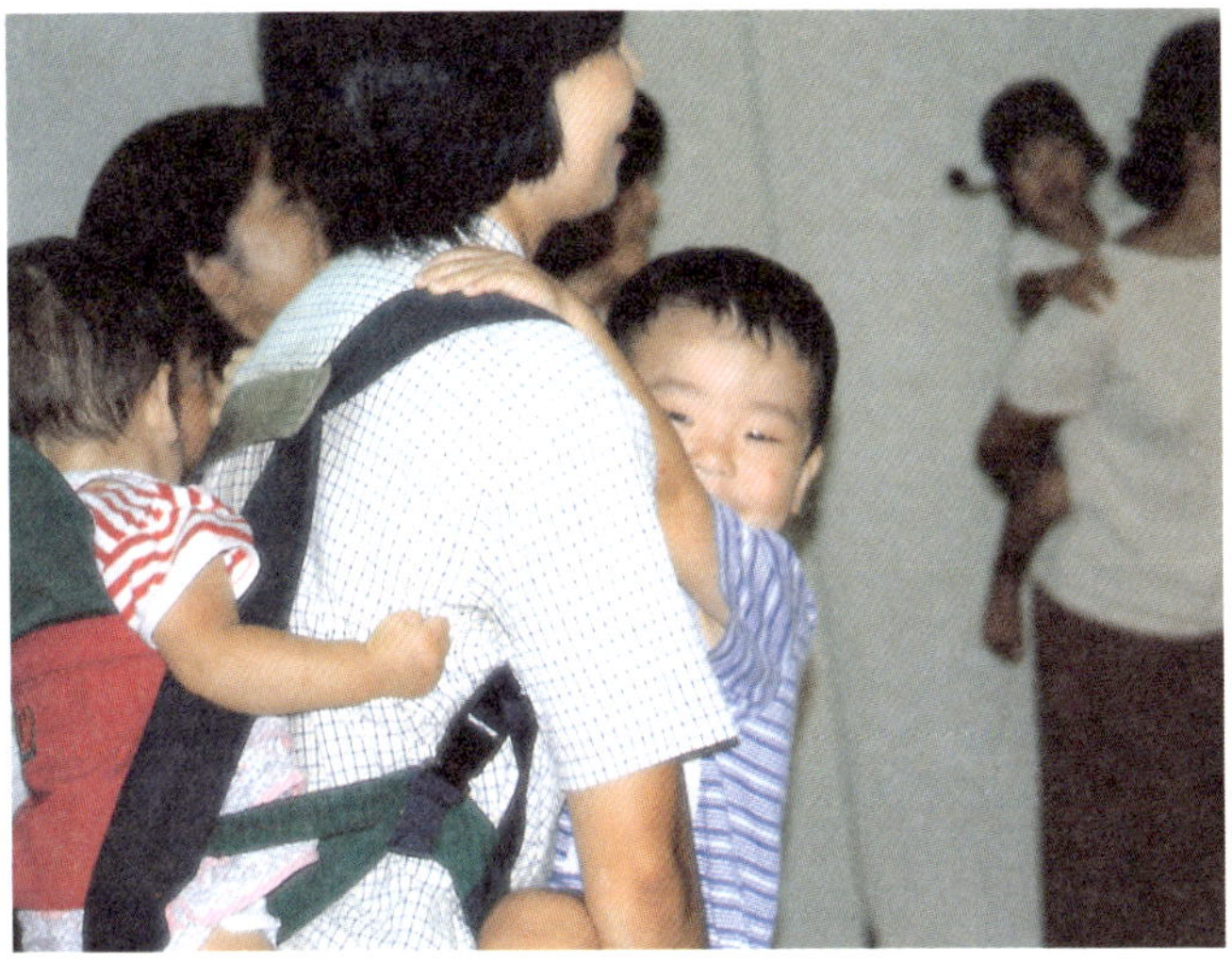

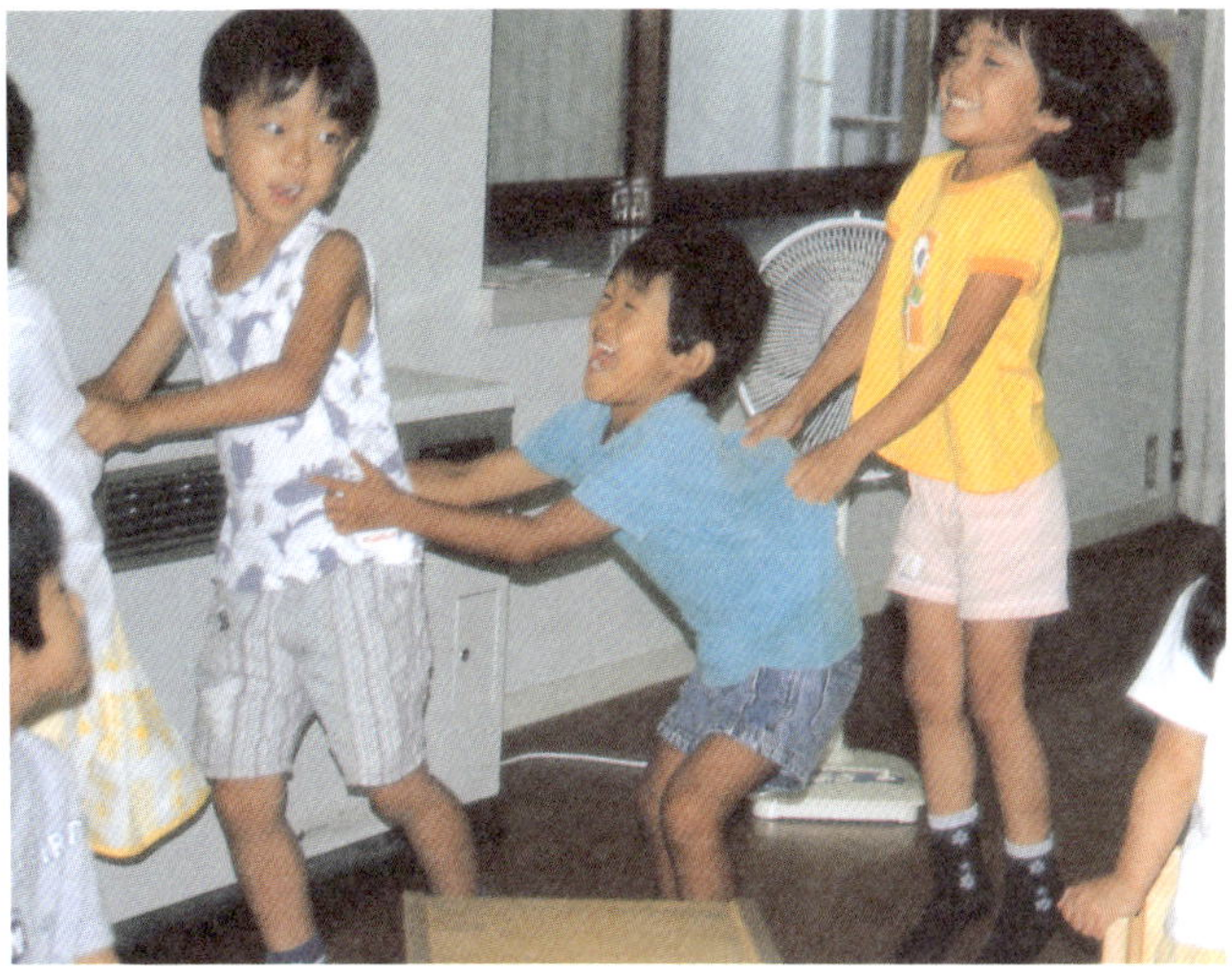

ぎっちょぎっちょ

ぎっちょ　ぎっちょ　こめつけ　こめつけ

●すわって両手をかるくにぎり、左右かわりばんこにひざをたたきながら、うたいます。

小さい子とうたうときは、おとなのひざの上に子どもをのせ、子どもの手をとってかるくにぎり、ひざをたたいてうたいます。

ことばのひびきと、とんとん、とんとん、とひざをたたくのが気持ちのいい歌です。

ひざをとんとん　とんとん

かなちゃん、おこめつかないの？

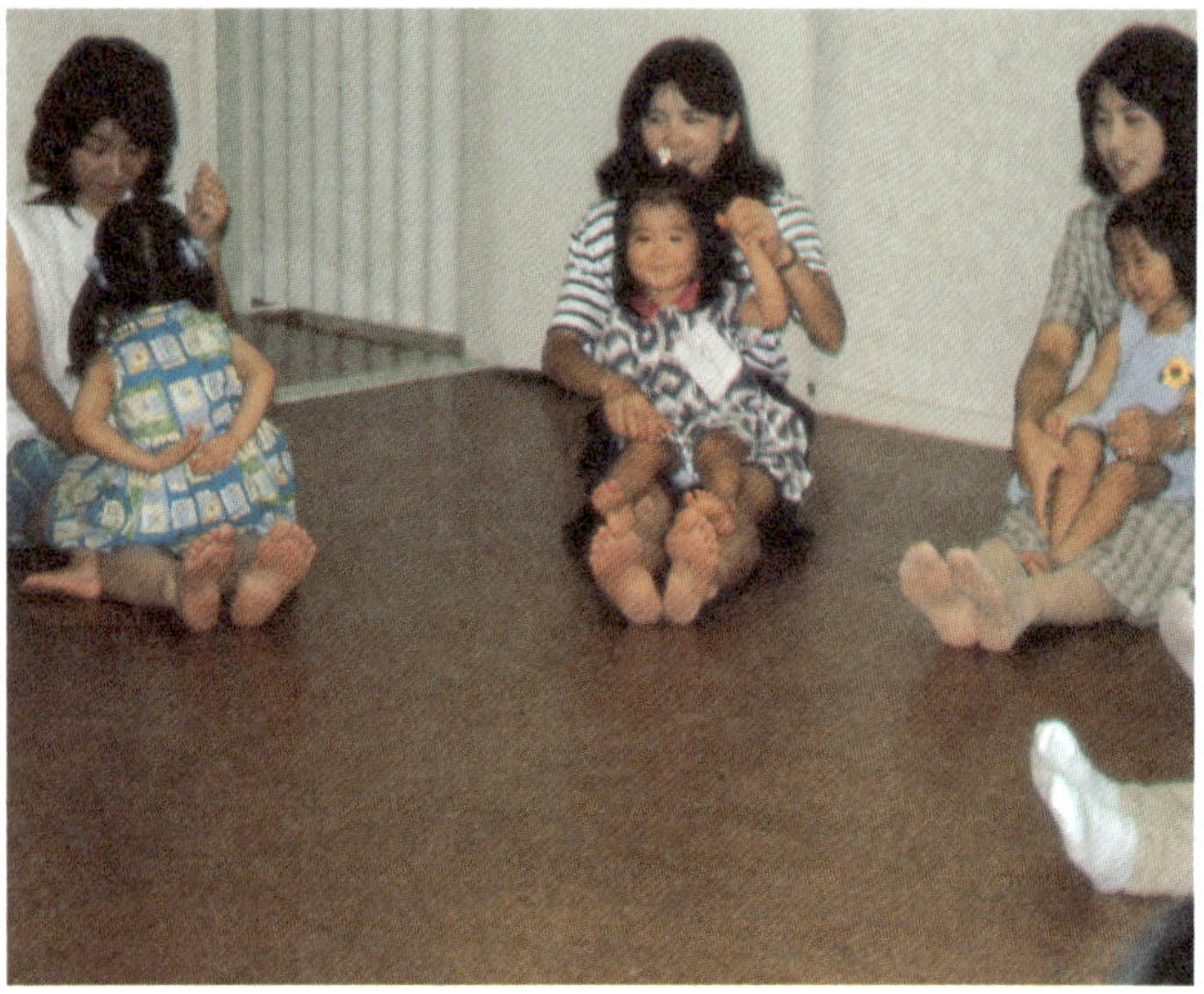

●ぎっちょは「こめつきばった」のことかな？

もみすりおかた

もみすりおかた　もみがなけりゃ　かしましょ
もみや　まだござる　うすにさんじょう　みにさんじょう
すってすって　すりこがせ

●おとなが足をのばしてすわり、ひざの上に子どもをむかいあわせにのせます。子どもの両手をとって、舟《ふね》をこぐように、歌にあわせて子どもをうしろにたおしたり、前にもどしたりをくりかえします。「すりこがせ」の「せ」で、ぱっとひざをひらき、子どもをすとんとおとします。

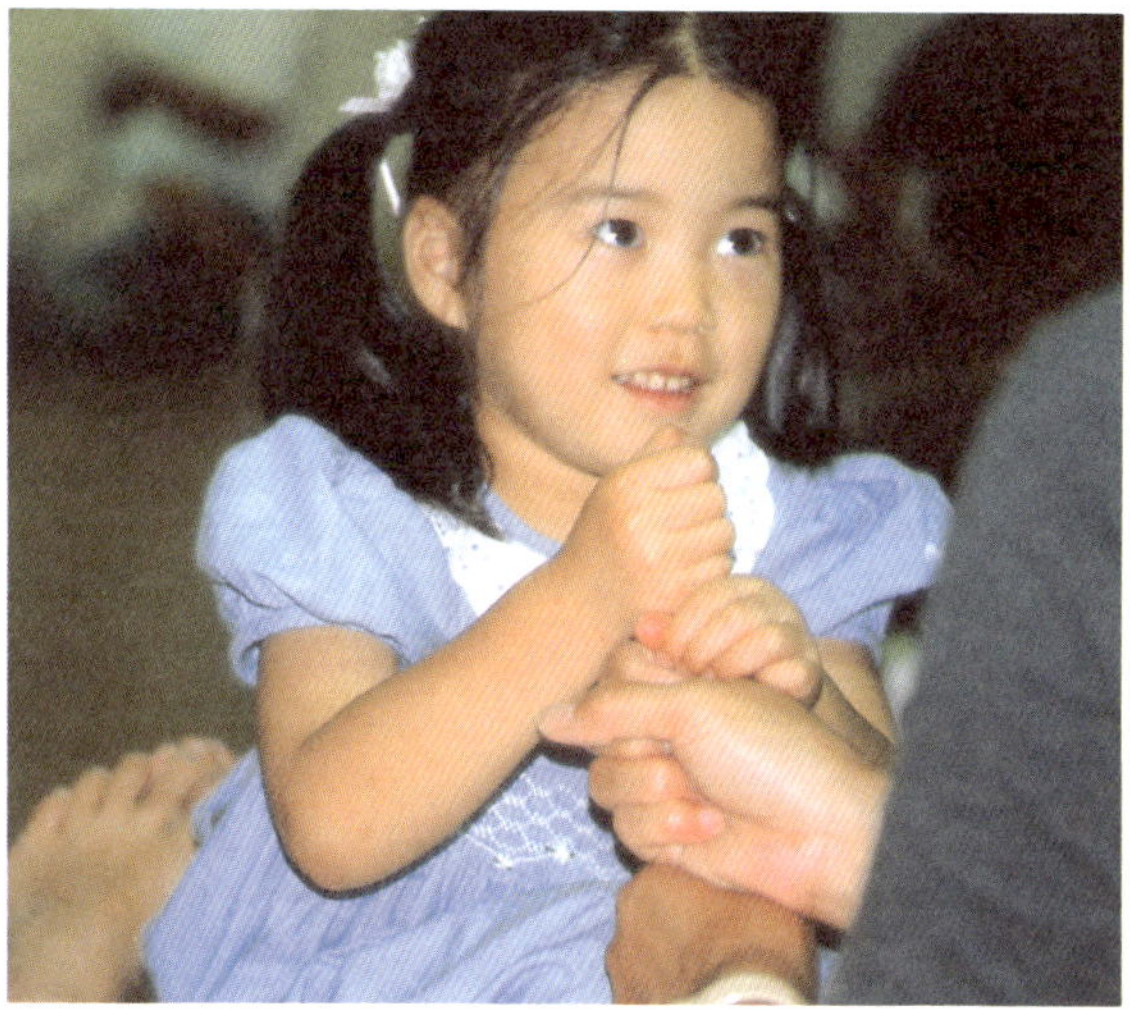

こんなふうに、ひきうすを
ふたりでごろごろまわしたりもします

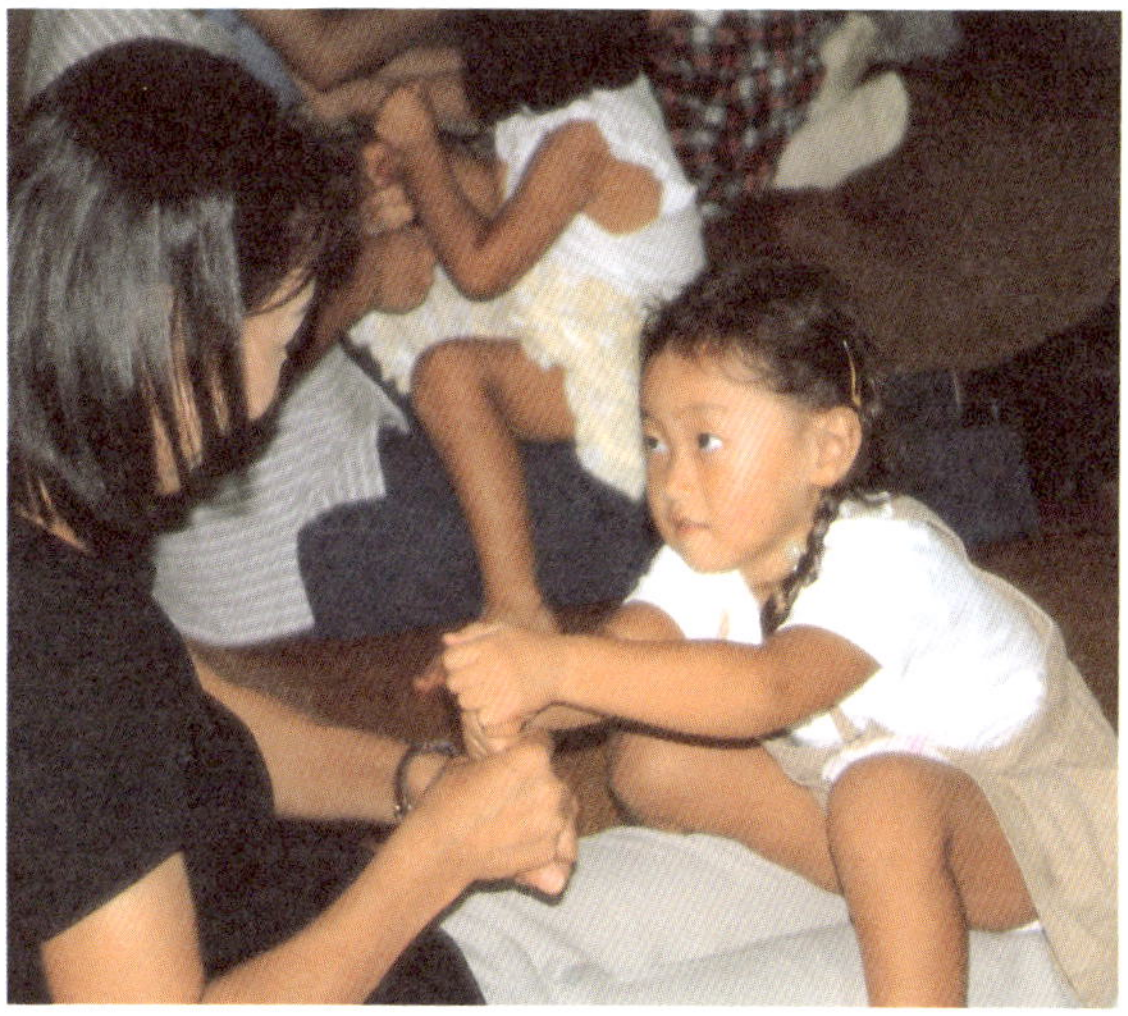

うすにさんじょう　みにさんじょう

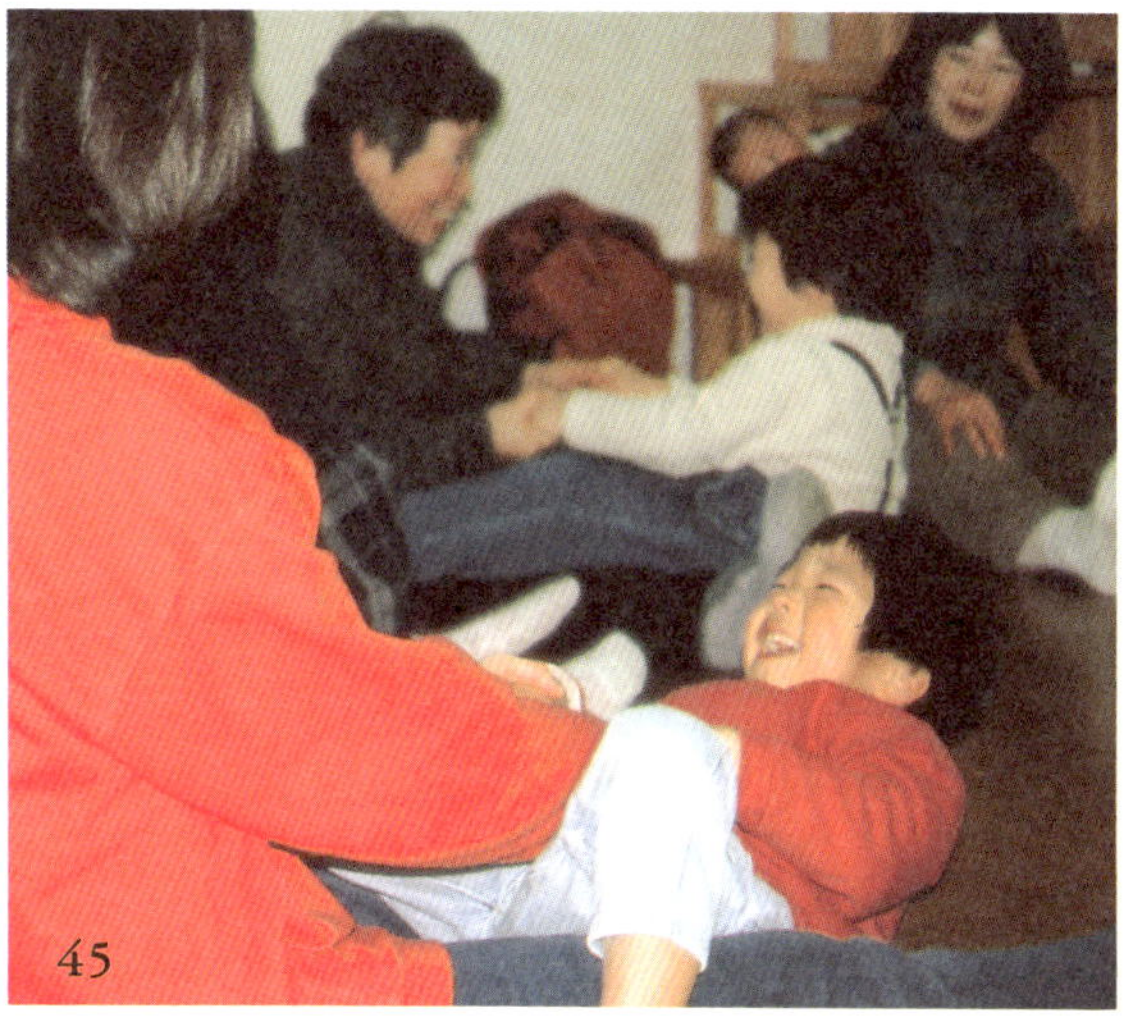

すとーーん
おちたあー
もう一回やってえ

さるのこしかけ

さるのこしかけ　めたかけろ　めたかけろ

こしかけあそびの歌です。

●いすにすわった子のひざの上に、つぎの子がこしかけ、その子のひざにまたつぎの子がこしかけて、つぎつぎに重なっていきます。一回うたうごとに一人ずつふえていき、つぶれたら、そこでおしまいです。
二組でやって、どちらが長くつながるか、競争することもできます。

●いすとりゲームのようにしてあそびます。
いすを人数分より一つ少なくしてならべ、うたいおわったら、いっせいにすわります。すわれなかった子は一人ずつぬけていき、一回うたうごとにいすを一つずつへらしていって、さいごまでのこった子が勝ちです。

「イスとりゲーム」のばあいは
イスのあいだをこんなふうにねってあるきながらうたうのもいい。

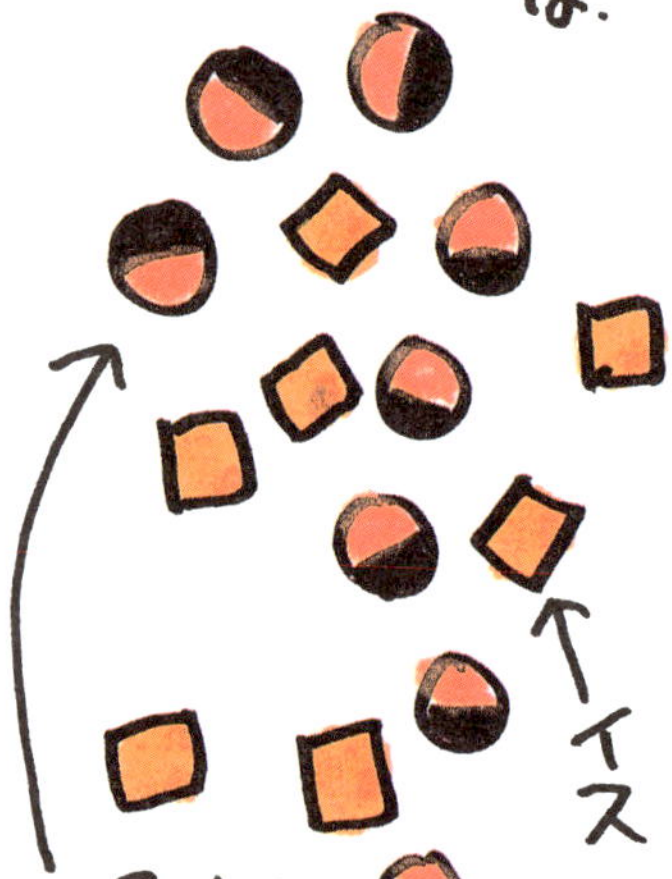

この子がリーダーになって、イスのあいだをあるきまわっている。

あーあー
でっかいおさるは
こないでよおー

あー、ぶーこせんせいがあー

だいじょうぶかなあ

こんどは ふたくみで きょうそう
さるのこしかけ めたかけろ

ありゃありゃ ありゃ

ぼうさんぼうさん

「ぼうさん　ぼうさん　どこいくの」
「わたしは　たんぼに　いねかりに」
「それなら　わたしも　つれしゃんせ」
「おまえがくると　じゃまになる」
「この　かんかんぼうず　くそぼうず　うしろのしょうめん　だあれ」

ひとあてオニの歌です。

●オニ（ぼうさん）を一人きめます。みんなは輪になって手をつなぎ、ぼうさんは、輪の中に立ちます。

「ぼうさん　ぼうさん　どこいくの」

子どもたちだけ、うたいながら右へ8歩あるきます。

「わたしは　たんぼに　いねかりに」

こんどはぼうさんだけうたいながら、子どもたちと反対まわりに、輪の中で8歩あるきます。

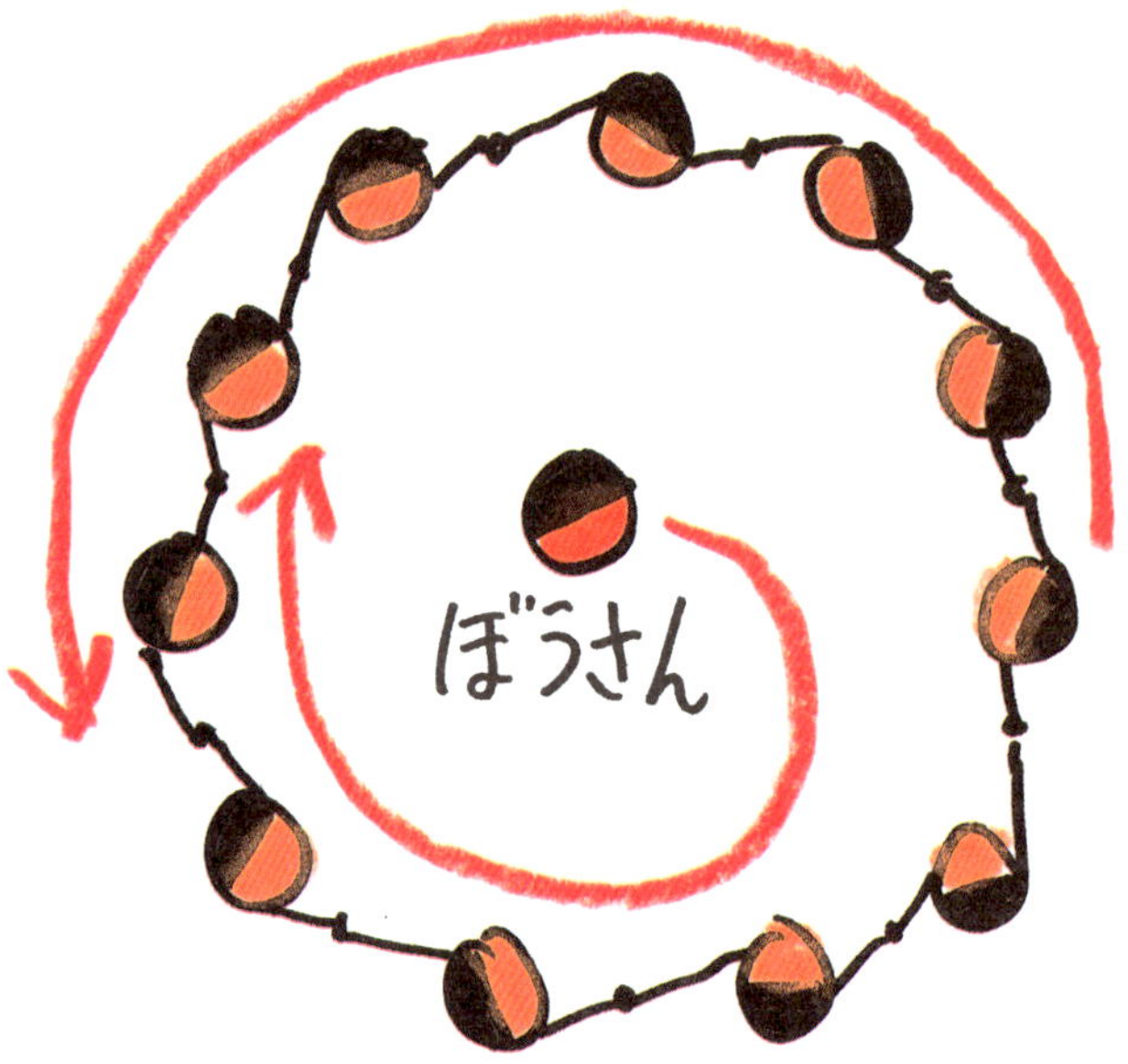

「それなら　わたしも　つれしゃんせ」

子どもたちがうたいながら、右に8歩あるきます。

「おまえがくると　じゃまになる」

ぼうさんがうたいながら、左へ7歩あるきます。

「この　かんかんぼうず　くそぼうず」

子どもたちは手をはなし、ぼうさんの頭をおさえてしゃがませます。ぼうさんは、自分の手で目かくしをします。

「うしろのしょうめん　だあれ」

子どもたちは、さっと輪にもどります。ぼうさんは目をつぶったまま、うしろをむいて、近くにいる子をつかまえ、頭や着ているものをさわって、だれかをあてます。

あたったら、こんどはこの子がぼうさんになって、くりかえしてあそびます。

ぼうさんは一人でも二人でも、人数が多いときには、四人でも五人でもあそべます。ぼうさんが一人じゃないときは、ぼうさんどうしは、輪の中で手をつないでうたいながらあるきます。

●「うしろのしょうめんだあれ」でとまったらそのあとはぜったいうごいたらいけません。ぼうさんにぺたぺたさわられても　にげだしたりしてはいけないんですよ。

ぼうさんをしゃがませるときに、子どもたちはぼうさんの頭をつんつんついたりぎゅっぎゅっとおさえつけたりします。

ぎゅっぎゅっぎゅっ

つんつんつん ←

ぼうさんが5人ぐらいいるのかな？

ひとまねこまね

ひとまねこまね　さかやのきつね
かすくっちゃ　ほえろ　ほえろ

からかい歌ですが、ひとあてオニであそびます。

●オニときつね役を、一人ずつきめます。

輪になって手をつなぎます。オニは輪の中にしゃがんで、目かくしをします。みんなは、オニのまわりをうたいながらあるき、きつね役の子は、輪の外がわをみんなと反対方向にあるきます。

うたいおわったら、きつねは、近くにいる子の一人にさわってあいずします。さわられた子は「コン、コン」となき、オニはその声をきいて、だれかをあてます。あたったら、いまないた子がオニになり、オニだった子は、つぎのきつねになります。きつねだった子は、輪の中にもどります。あたらなかったら、もういちどおなじ役わりでくりかえします。

子どもたちは声色《こわいろ》をつかって、あてられないようにくふうしますが、よくあそんでいる仲間どうしだと、びっくりするぐらいよくあてます。

なれていない子がいるときには、あそぶまえに、あらかじめみんなの声をききあっておいたり、「とんとんやかたの、きつねです」とか、「ぼく、コンコンときり、いえないんです」とか、すこしことばを長くして、あてやすくします。

かすくっちゃ
ほえーろ
ほえろ
「コンコン」

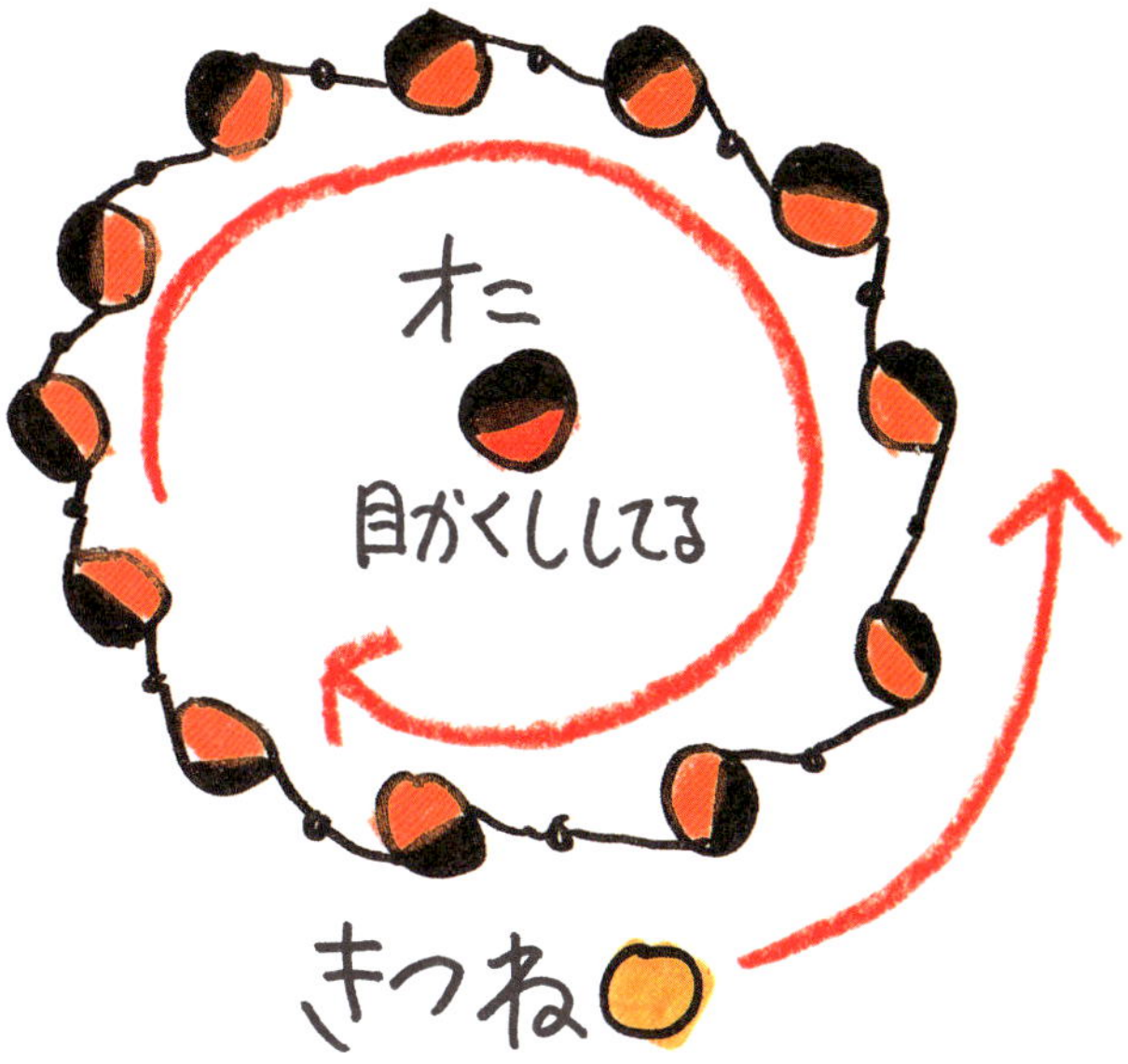

こんなふうに、きつねは輪の外をみんなと反対まわりにあるきます。

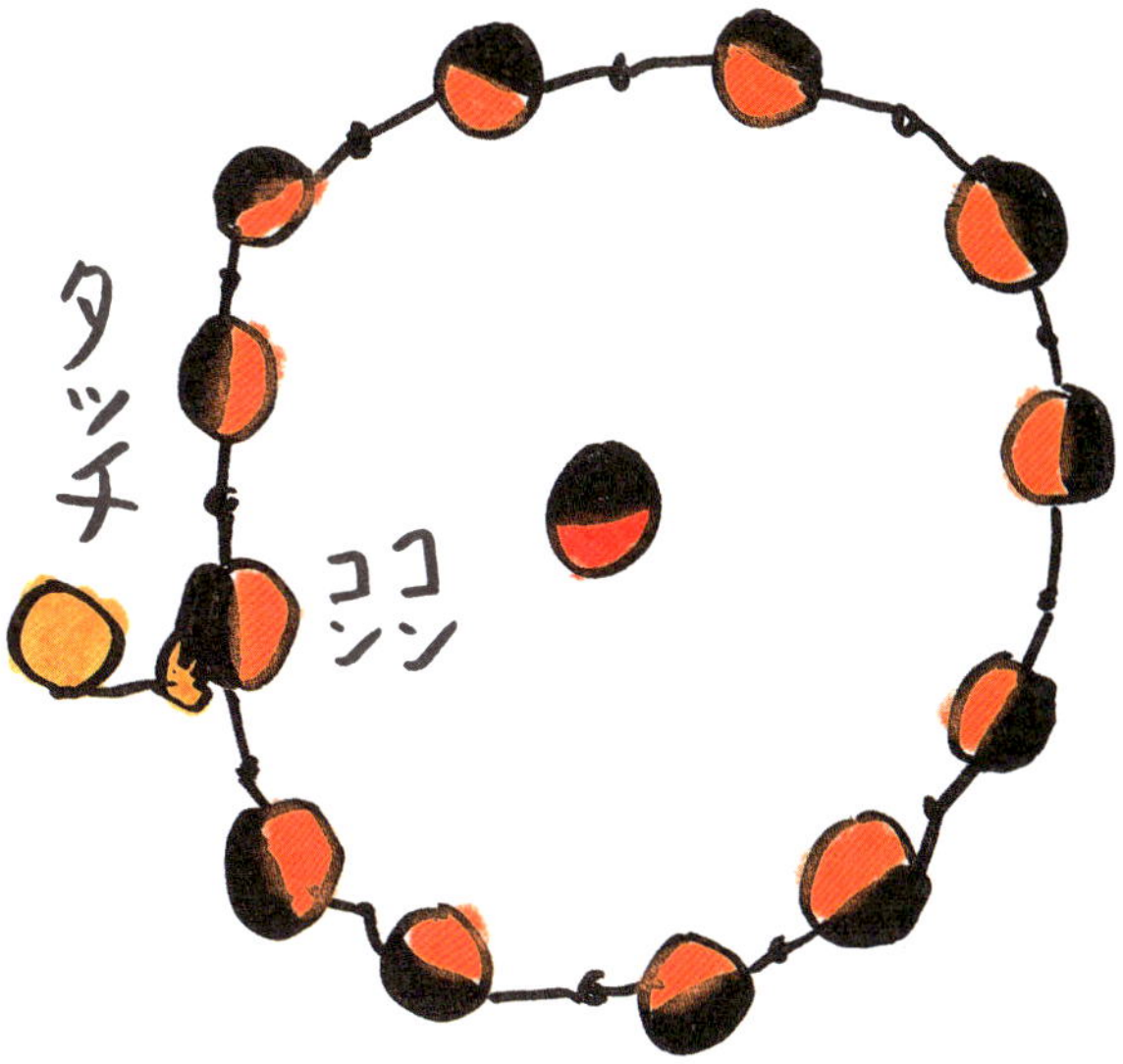

きつねが はなちゃんにさわって合図をします。このあと、さわられたはなちゃんが「コンコン」となきます。はなちゃんはちょっときんちょうして目をつむっています。オニ以外の子は、ずっと目をあけてていいのよ。

「はなちゃん」あたりー

はなちゃん↓オニ
オニ↓きつね
きつね↓輪

ひとやまこえて

ひとやまこえて　ふたやまこえて　みやまのたぬきさん
たんたんたぬきさん　あそぼじゃないか
「いまは　ごはんの　まっさいちゅう」
「おかずは　なあに」「うめぼしこうこ」
「ひとくち　ちょうだい」「いやいやしんぼ」

●じるしは、まりをつくところです。
○じるしは、ふたりでつくときにこうたいするところです。

まりつき歌です。つかまえオニごっこでもあそびます。

●歌のことばにあわせて、二人で一つのまりを、かわりばんこにつきます。おしまいの「いやいやしんぼ」でまたをくぐらせ、うしろで両手でとめます。

●おおぜいでまりつきをするときは、二組にわかれ、たて一列にむかいあってならびます。両方からせんとうの子がでて、二人でまりをつきますが、とちゅうではずしたらその子はひっこみ、つぎの子が交代して、またさいしょからはじめます。

つき手みんなが、さきにいなくなったほうが負けです。

いやいや
しーんーぼ
またをくぐらせて
おしりのうしろで
まりをぱっとつかむ。

おかずはなあに

たんたんたぬきさん

あそぼじゃないか

↑ちいさい子は、まりつきがむずかしいので、歌にあわせて まりなげをします。

「ひとやまこえて」のつかまえオニごっこのあそびかたは、つぎのページです。←

●たぬき役を、二、三人きめます。まず、たぬきたちは「そうだん、そうだん」といってあつまって、ないしょで、「うめぼしこうこ」のかわりに、すきな食べものを二つきめます。きまったら、「きーまった」といってはじめます。
　みんなは輪になって手をつなぎ、輪の中でたぬきたちは、きめた食べものを食べるまねをしています。

「ひとやまこえて　ふたやまこえて　みやまのたぬきさん　たんたんたぬきさん」
　輪の子はうたいながら、右に16歩あるきます。

「あそぼじゃないか」
　輪の子はうたいながら、輪の中へ4歩あるきます。

「いまは　ごはんの　まっさいちゅう」
　たぬきがうたいます。

「おかずは　なあに」
　輪の子が、とまったままうたいます。

「うめぼしこうこ」
　たぬきが、きめておいた食べものにかえてうたいます。

「ひとくち　ちょうだい」
　輪の子がうたいます。

「いやいやしんぼ」
　たぬきがうたいます。

　うたいおわると、輪の子は手をはなしていっせいににげ、たぬきたちはおいかけて、それぞれ一人ずつつかまえます。これで一回おわりです。二回目からは、つかまった子がつぎのたぬきになって、新しく食べものを考え、くりかえしてあそびます。
　子どもたちは、「ラーメンとぎょうざ」「ハンバーグとサラダ」「まつたけごはんとおすいもの」などすきなおかずを考えたり、「スイカとメロン」とか「ケーキとアイスクリーム」とか、だいすきなものを考えだします。

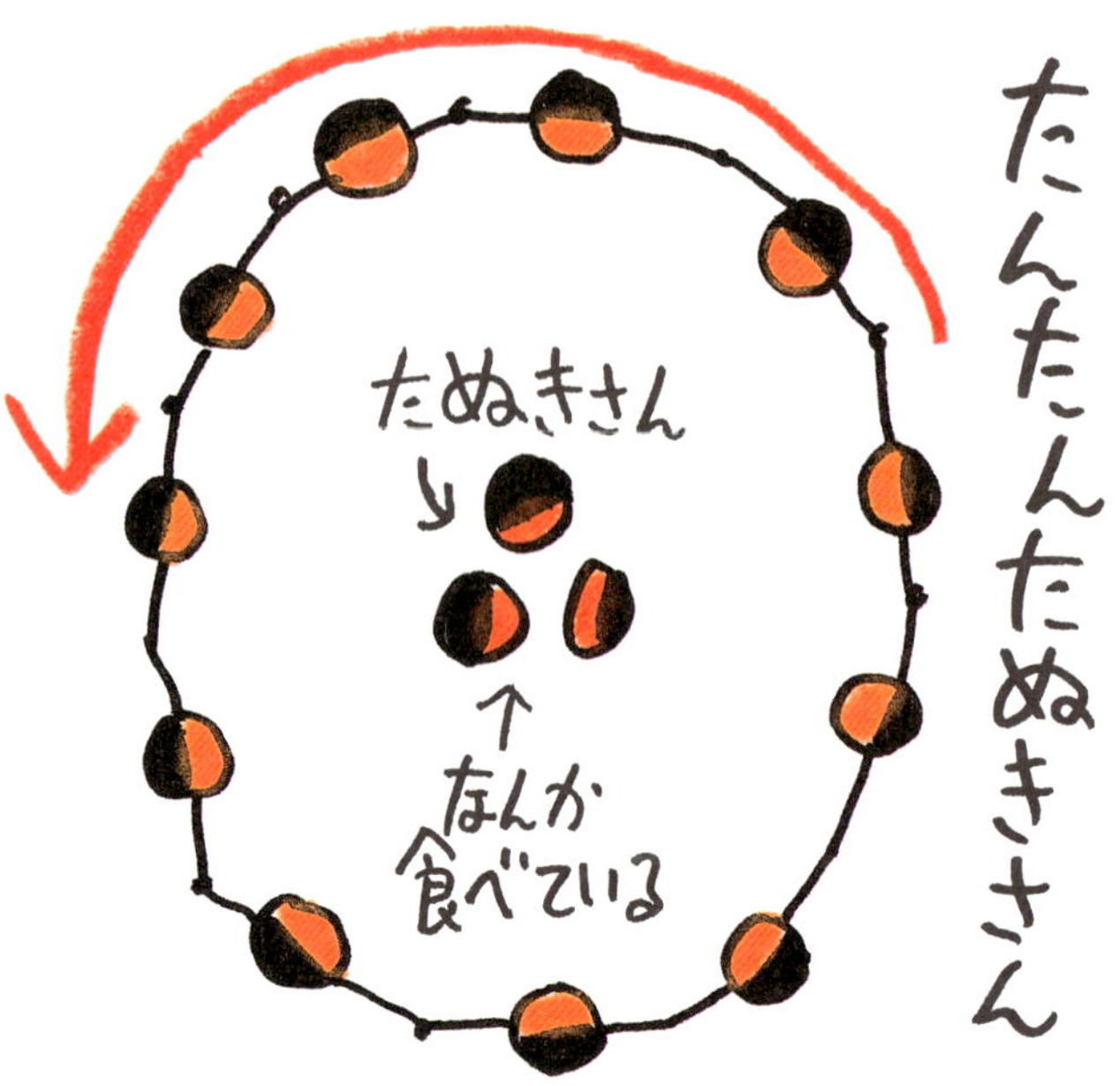

そうだんそうだん

はなくそと
へえのゴマは
どうかなって、
へえのゴマは
くいたくねえ
じゃー
かさぶたはって、
はりだばかりの
かさぶた

いもむし

いもむし　ごろごろ　ひょうたん　ぽっくりこ

いもむしあるきの歌です。

●たて一列にならび、しゃがんで前の子のこしに手をまわします。せんとうの子は、一人だけみんなのほうをむいて立ち、いちばん前の子と手をつなぎます。歌にあわせて足をよくそろえてあげて、ころばないようにあるきます。

一回うたったら、せんとうだった子がいちばんうしろにつき、二番目の子がせんとう役にかわります。

ときには、十人も二十人もつながって、ながいながいいもむしをつくり、力つきてたおれるまであるきますが、このかっこうでころばずにあるきつづけるのは、とってもむずかしいです。

「いもむし」は、しゃがまないで、立ったままやるやりかたもあります。こっちのほうがらくです。

こどもかぜのこ

「前の子のこしに手をまわし」ということになっていますが、ほとんどの子は、「前の子のかたに手をかけて」いますねぇ。それでもいいのよ。

こども　かぜのこ　じじばば　ひのこ
こども　かぜのこ　じじばば　ひのこ

北風のふく日に、「さむいのなんか、へーっちゃら」とうたう歌です。

●おなかに力をいれてしっかりふんばり、何回もくりかえしてうたいます。

「こども　かぜのこ」

にぎりこぶしを、えい、えいっと、左右かわりばんこに、前に4回つきだします。

「じじばば　ひのこ」

さむそうに、せなかをまるめてふるえます。

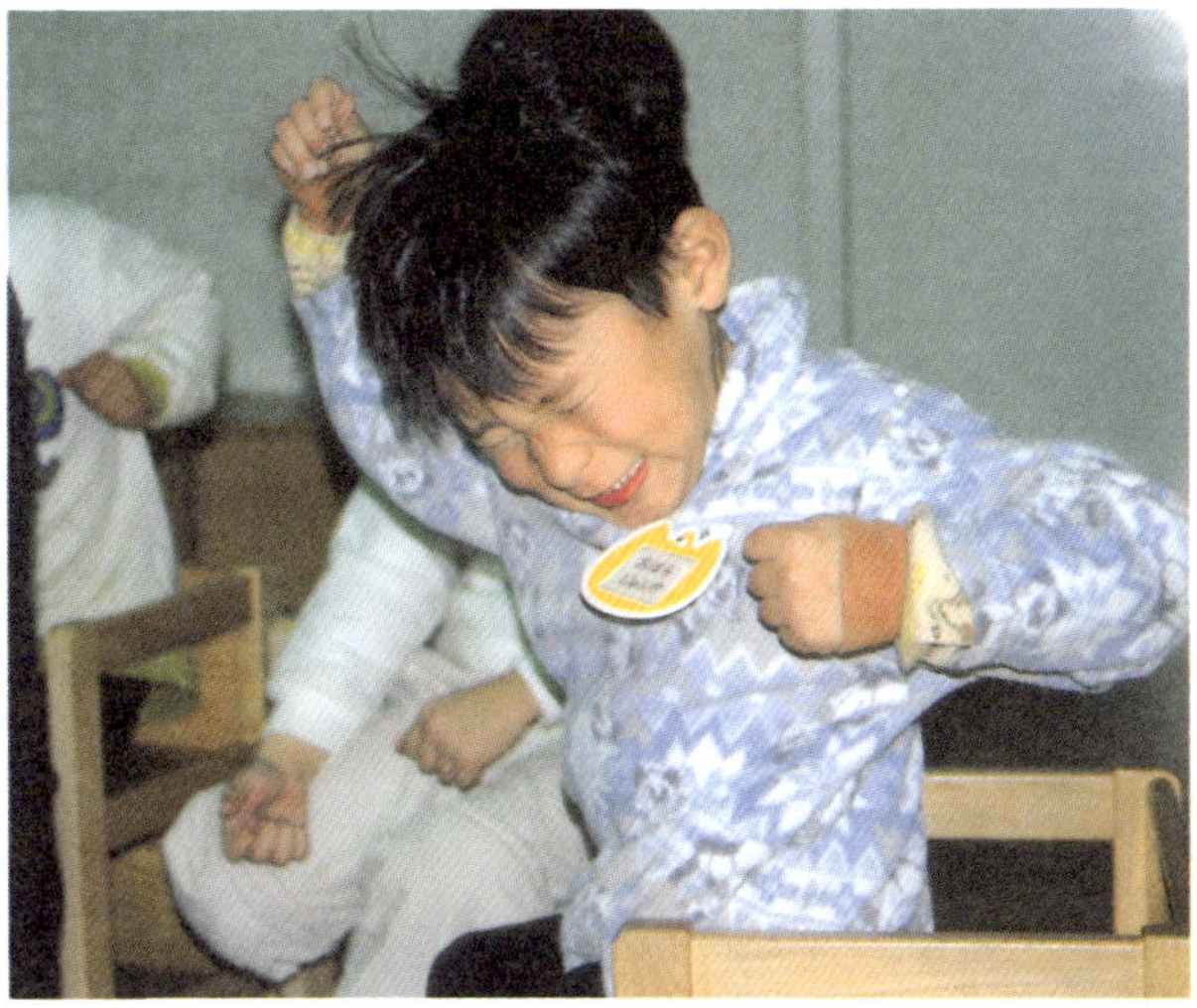

こーどもかぜのこ

じじばばひのこ
じじばばひのこ

えい　えいっ

おせよおせよ

おせよ　おせよ　さむいで　おせよ
おせよ　おせよ　さむいで　おせよ

さむい冬に、体ごとぶつかってたのしみます。あたたかくなるまで、何回もくりかえしてうたいます。

●二人でむかいあって立ち、手のひらを相手にむけて、両手で4回おしあいます。しっかり足をふんばって、ひっくりかえらないようにがんばります。

●横向きに二人でならんで立ち、肩《かた》と肩《かた》をぶつけておしあいます。このとき、ひじでっぽうすると、とてもいたいので、反対の手でひじをおさえます。

おしくらまんじゅう

おしくらまんじゅう　おされて　なくな
おしくらまんじゅう　おされて　なくな

おしてーおしてー

せんせい、このふたり
ひじを手でおさえてませんよ。

●壁《かべ》やへいにそって横一列にならび、二組にわかれて、両はじから中央にむかって肩《かた》で4回おします。おされて列からはみだした子は、列のはじにつきます。

●うしろむきの輪になって腕《うで》をくみ、オニ（あんこ）が一人、輪の中に立ちます。みんなでいっせいに、真ん中のあんこにむかっておします。

おおさむこさむ

おおさむこさむ　やまから　こぞうが　とんできた
なんといって　とんできた　さむいといって　とんできた

日本じゅう、どこでもうたわれている冬の歌です。土地によって、すこしずつことばやメロディーがちがいます。
とんとんやかたでは、近くに筑波山《つくばさん》があって、どこからでも見えるので、筑《つく》波《ば》おろしのふく、うんとさむい日には、「筑波山《つくばさん》から、小僧《こぞう》さんがとんできたよ」といって、みんなでうたっています。

「つくば」は、このへんにあるのよ

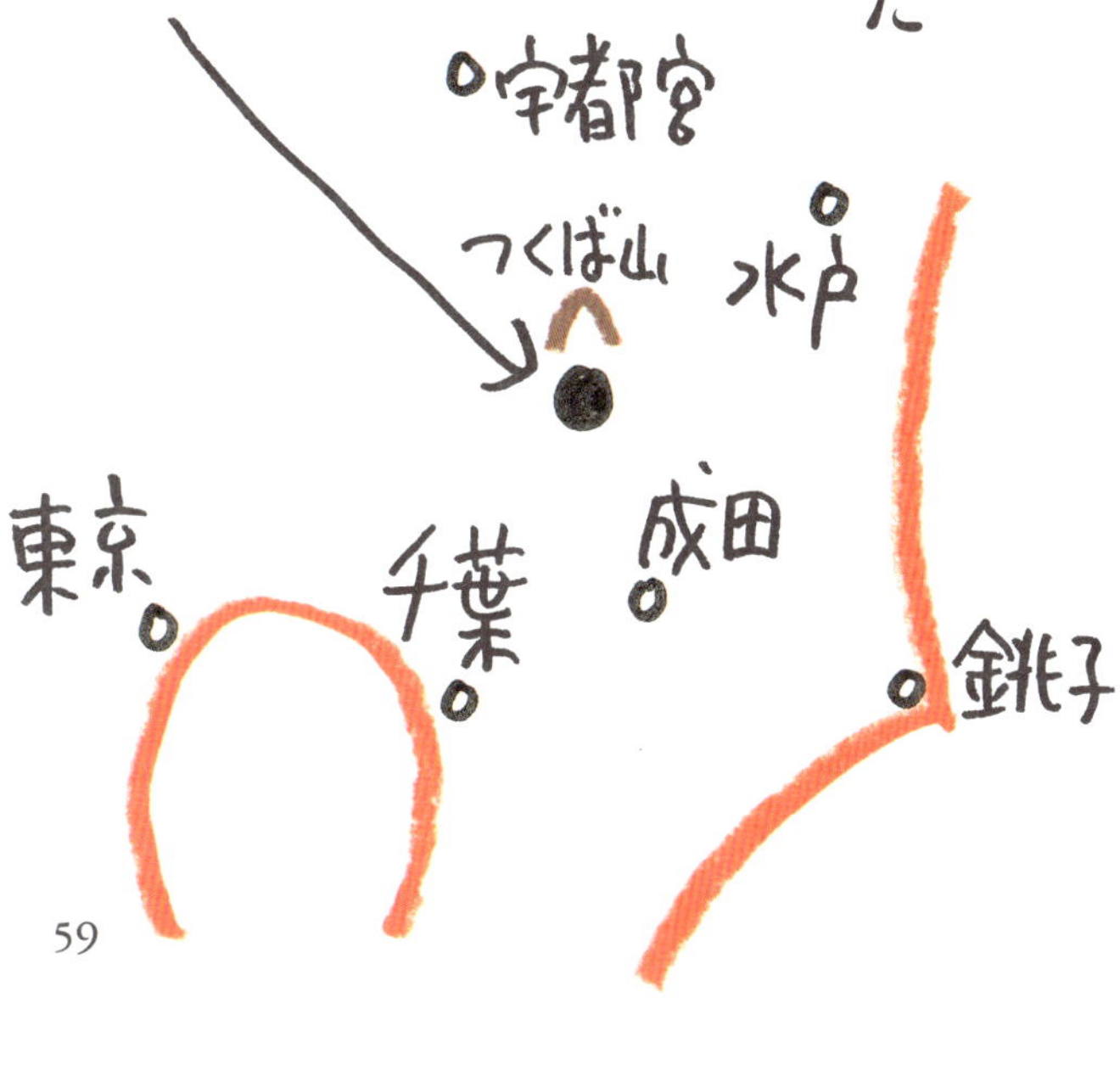

あんこがぶちゅーん

つるつる

つるつる　かぎになれ　さおになれ
たいころばちの　ふたになれ

冬の夕ぐれに、空とぶつるのむれを見あげてうたった歌ですが、短く、歯切れのよいことばにのって、うずまきあそびで元気よくあるいてあそびます。

●せんとうになる子と、しっぽになる子をきめます。それから、「つないだ手は、はなさない」と約束しておきます。

みんなで輪になって手をつなぎ、せんとうの子としっぽの子がとなりどうしになります。せんとうの子は、しっぽの子と手をはなして、輪の内がわにそって大きくうずをまくように、うたいながらみんなをひっぱってあるきます。大きい歩《ほ》幅《はば》でどんどんあるきます。みんなはひっぱられたらあるきはじめ、うずがまけるまで、うたいながらあるきつづけます。

せんとうの子は、うずの中心になってもとまらずにまわりつづけ、しっかりうずがまけたら、歌がおわったところで「ストップ」といってとまります。

しっぽの子と、となりの子の二人は、つないだ手を高くあげてトンネルをつくります。うずの内がわのトンネルの通り道にあたる子も、二人ずつ手をあげます。ふたたびうたいながら、せんとうの子はそのトンネルをくぐってうずの

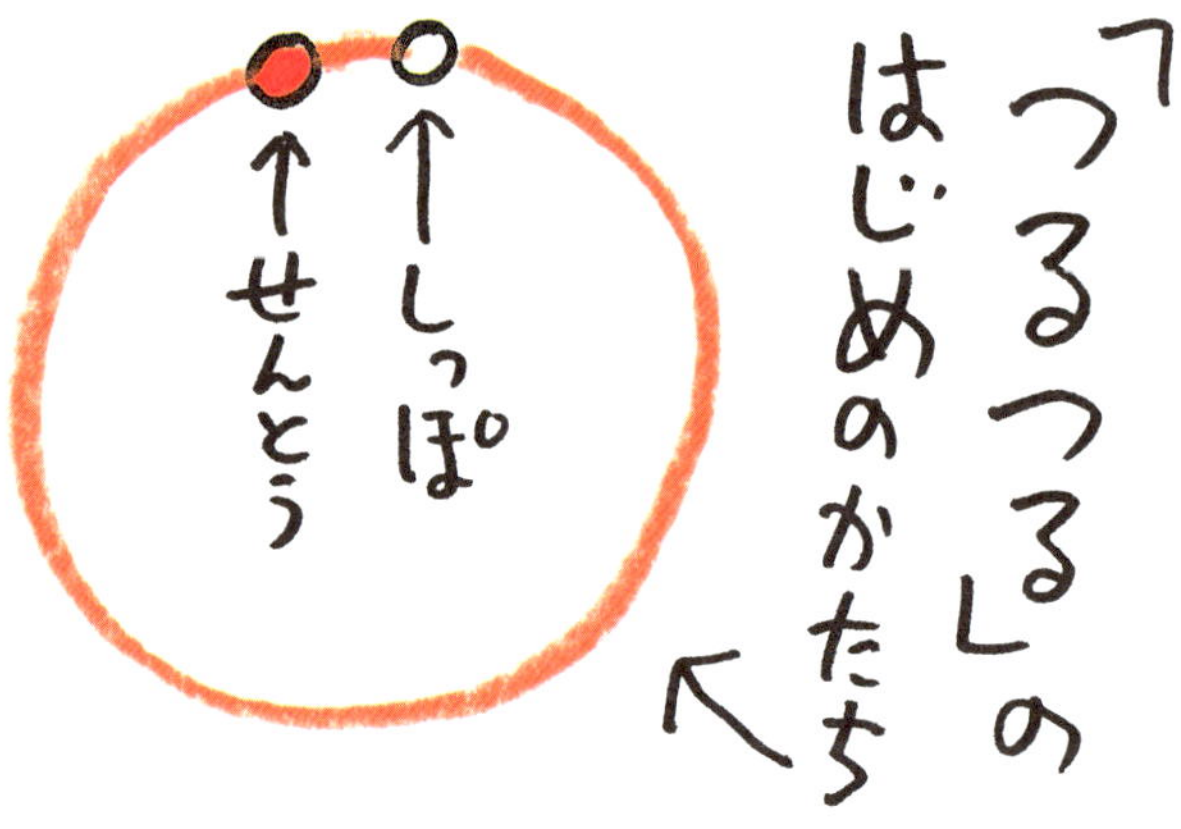

外にでて、小さく足ぶみするようにあるいて、もとの輪にもどしていきます。
せんとうの役はとてもむずかしく、また、しっぽの役は小さい子だとふりまわされてしまうので、あそびになれるまでは、両方ともおとながするほうがよいでしょう。

← これは、とんとんやかたのすぐ前にあるはらっぱなのよ。いいものあるなあ。

① せんとうの子がしっぽの子と手をはなして輪の内がわにそってあるきだす。

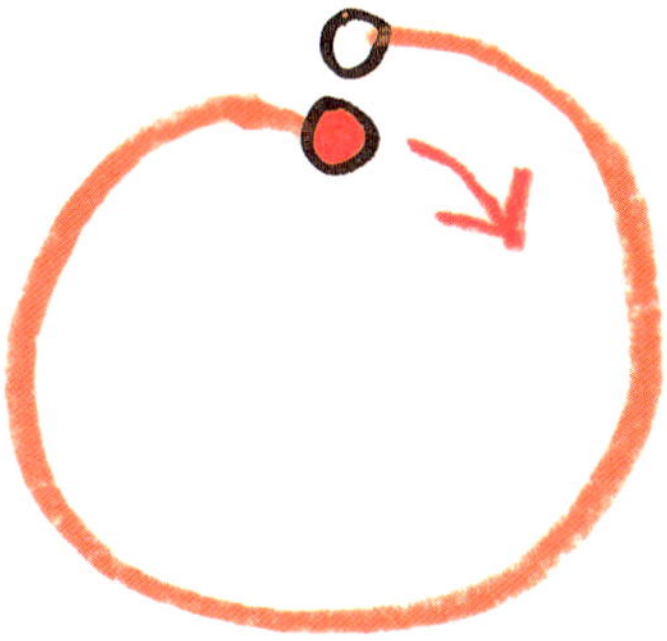

③-⑩は、つぎのページ ←

①-⑩の「つるつる」は、ぶーこせんせいがせんとうで、けいこせんせいがしっぽでえつこせんせいが空を飛んで写真をとりました。

② みんなはひっぱられた～あるきだします。

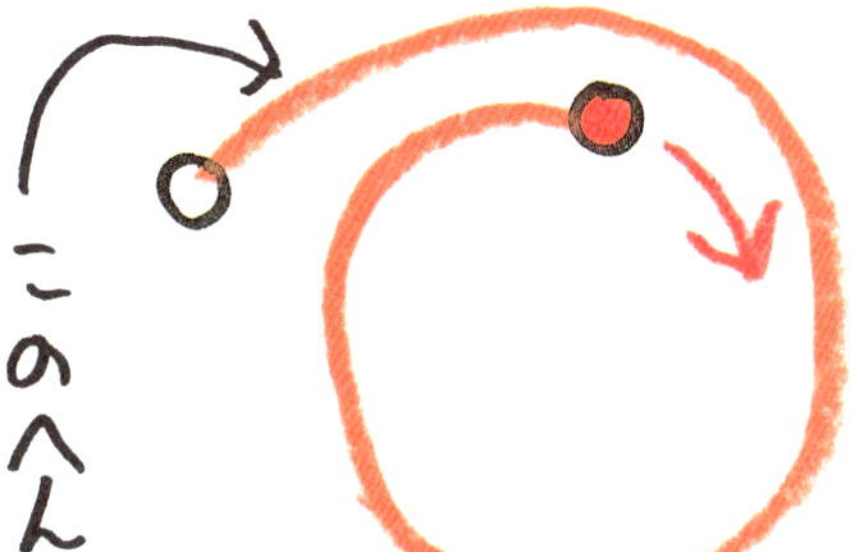

このへんの子たちはまだあるきはじめてないよね。

③ あっ、しっぽの
ほうもちょっと
ひっぱられてる。

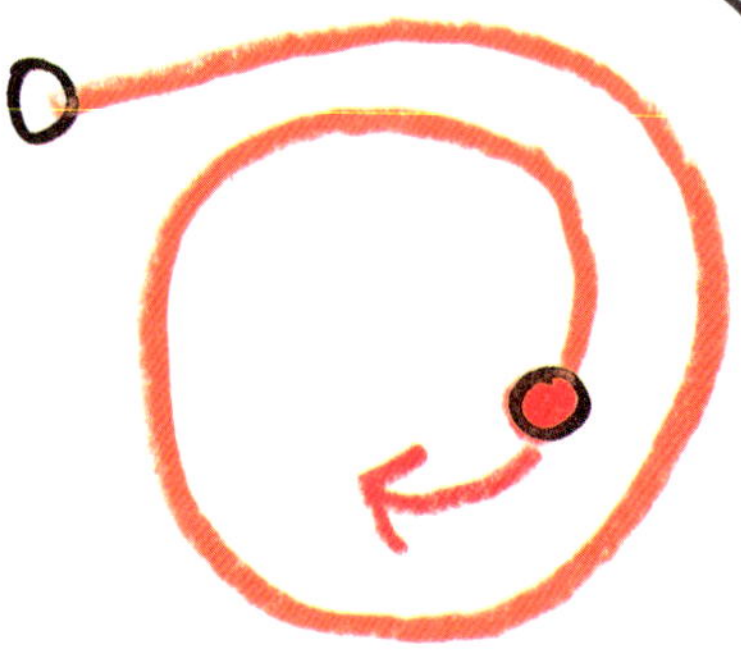

⑤ うずが
しっかりまけ
たかな?、
もうすこしかな。

つるつる
かぎに
なれ ④

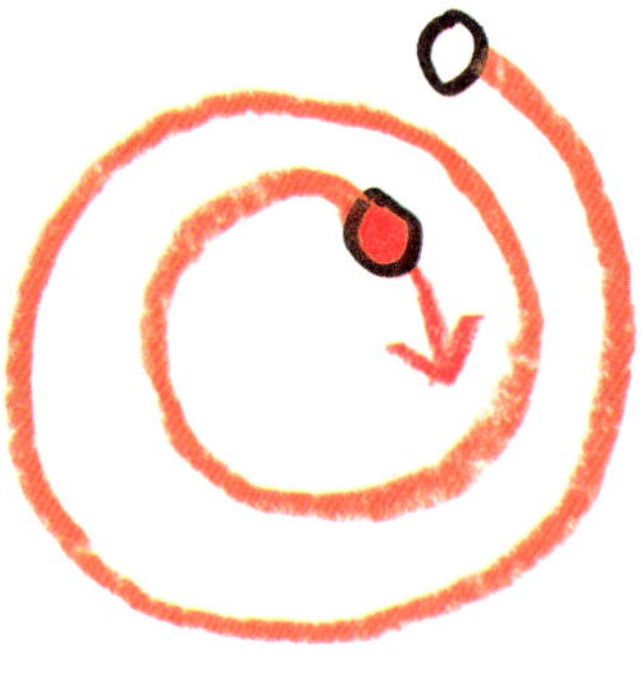

うずが
まけた
まけた。
ここで
ストップ ⑥

⑦
つぎは、せんとうがトンネルをくぐって外にでていきます。

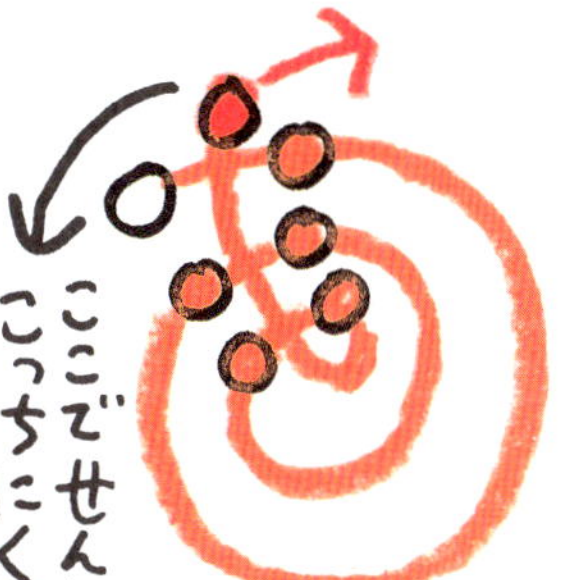

ここでせんとうがこっちにくると、うずがとけたとき、みんなが外むきの輪になっちゃう。

⑨
15人目の子がトンネルをぬけるところ。

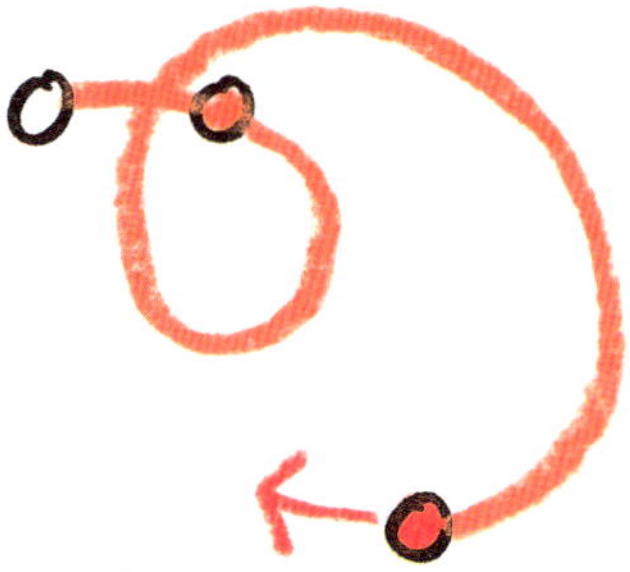

⑧
ほらもう6人目も外にでてきたよ

⑩
あとひとりトンネルをぬけるとうずまきがとける。

このあと
もとの輪にもどる。

つるつるは「うずまき」のほかにもいろいろなカタチをつくることができます。

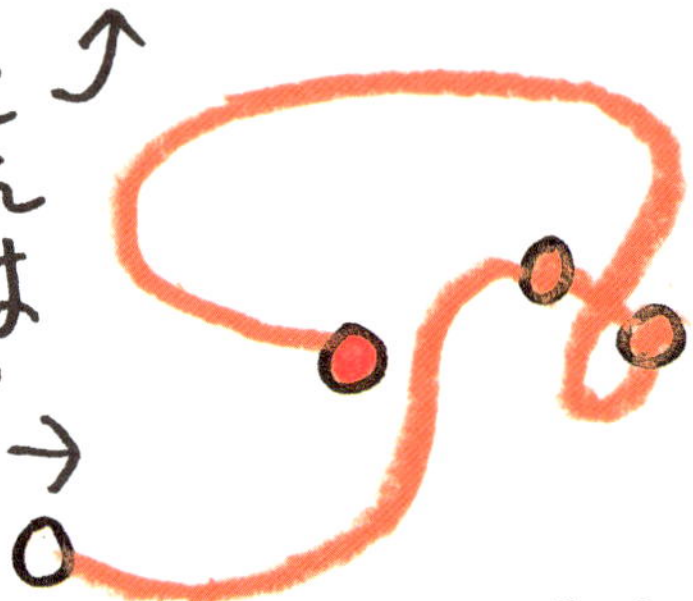

これはこうなっているのかな?

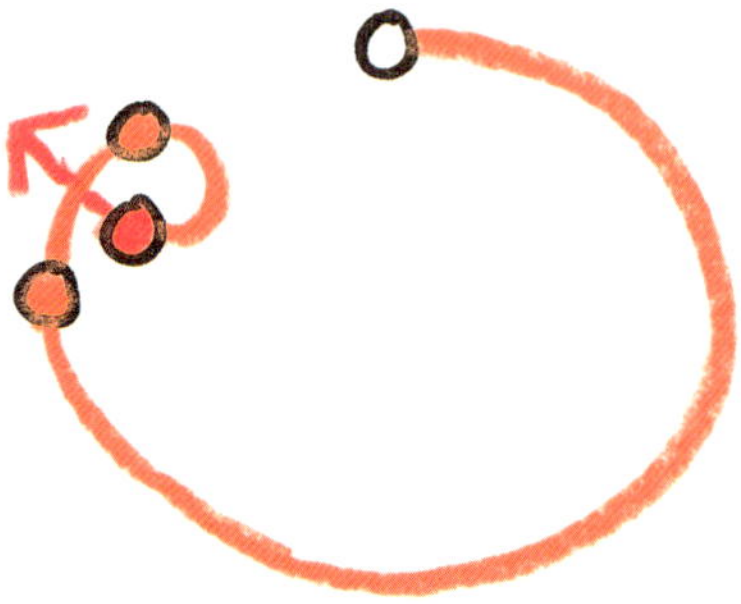

このときせんとうが点線のように輪の中に入ってしまうと、ふくざつになるので注意。

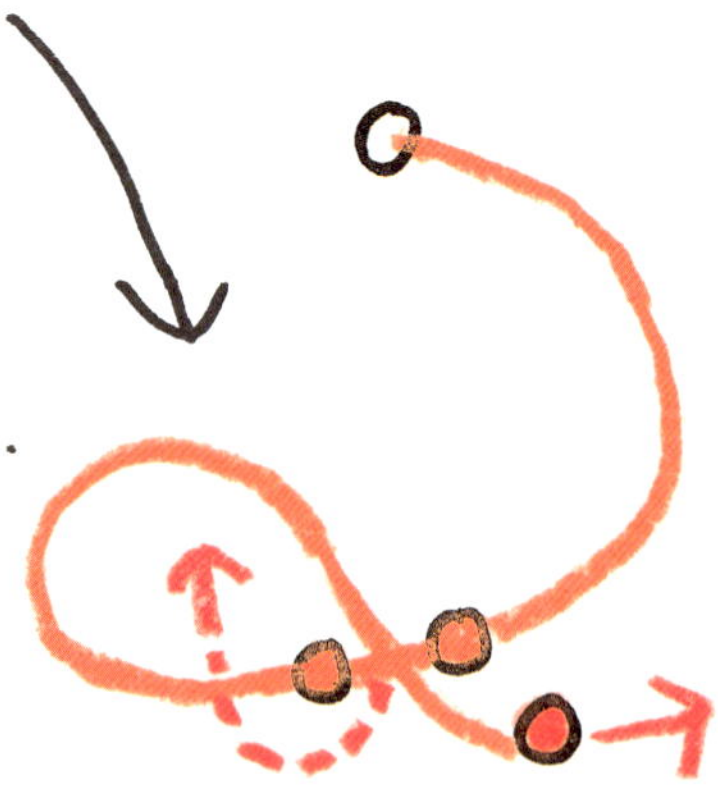

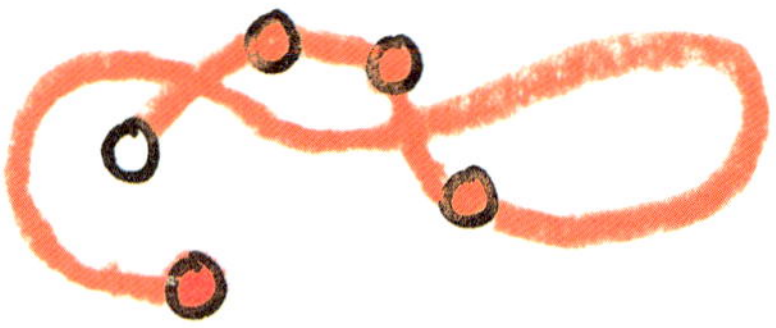

つるつる
かぎになれ
さおになれ

かりかりわたれ

かりかり　わたれ　おおきなかりは　さきに
ちいさなかりは　あとに　なかよく　わたれ

みんなで手をつなぎ、空をとぶかりになったつもりで、うたいながらあるきます。小さい子にもたのしめる、元気のいい歌です。

ヘヤの中で かりかり わたれ

おおきなかりが あっちのヘヤに わたっていきますね。

← おんぶされてわたる かりのこどもたち

もちっこやいて

もちっこやいて　とっくらきゃして　やいて
しょうゆをつけて　たべたら　うまかろう

冬のさむい日に、手をいろりや火鉢《ひばち》であたためながら、ひろげた手を魚（かれい）にみたてて、「かれっこやいて」とうたった、手あぶり歌です。

とんとんやかたでは魚をおもちにかえて、お正月に、自分の手をおもちにして、やきながらうたいます。子どもたちから、「のりをつけよう」「きなこがいい」「ぜったい、あんこ」と声があがります。

●おもちには、しょうゆのほか、なっとう、だいこんおろし、バター、なんでもすきなものをつけて、くりかえしてうたいます。みんな、ほんとうにおいしそうに食べるまねをします。

「もちっこやいて」
両手を前にだし、手のひらを下にむけて、上下に4回ふります。

「とっくらきゃして　やいて」
ひっくりかえし、手のひらを上にして、上下に4回ふります。

「しょうゆをつけて　たべたら」
片手《かたて》をおさらに、片手《かたて》をおもちにして、しょうゆをまぶすしぐさをします。

「うまかろう」
両手で、ほっぺたをおさえます。

わあー
ぶーこせんせい

わあー
あきこちゃん
じょうずだあ。

おねえちゃんたちも
じょうずにたべてる。
おもちがぴゅーっと
のびてるよねえ。

おかあさんたちも
うまかろう。
あっ、ともきくん
よだれがでてきたあ。

●もちっこやいて、おぞうににいれてたべようかな?、
お肉をはさんでサンドイッチにしてたべようかな?、

たーべーたーらー

とっくらきゃしてやいて

もちっこやいて
とっくらきゃしてやいて

しょーゆをつけて
わあ――ぶーこせんせい

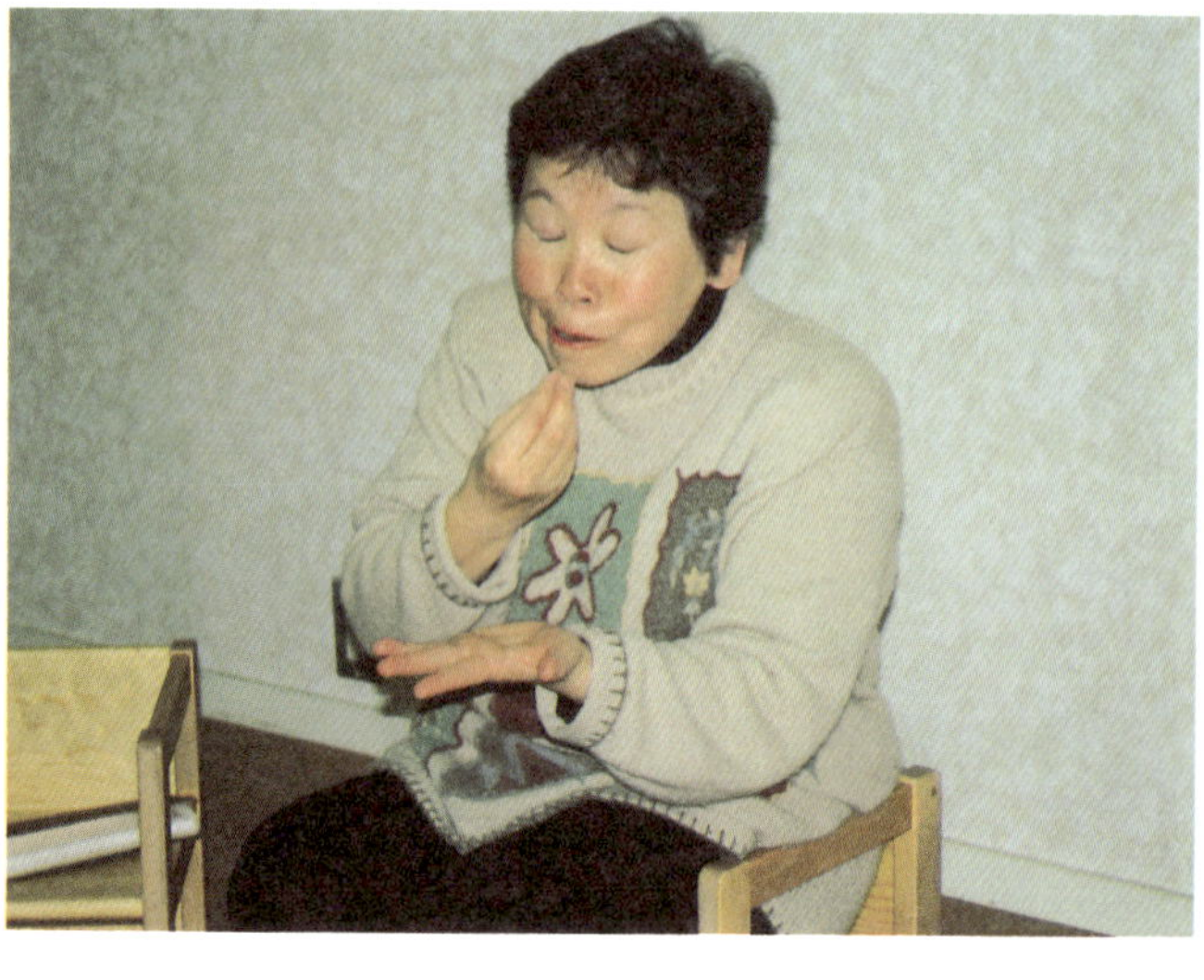

うまかろう

た――べたら

うまかろう

うまかろう

ななくさなずな

ななくさなずな　とうどのとりが　にほんのくにへ　わたらぬさきに

正月七日に、春の七草をきざんでおかゆにいれて食べると一年じゅう元気でいられるという、七草がゆをつくるときの歌です。七草をまな板にのせ、包丁やすりこぎで、とんとんとたたきながらうたったそうです。

●とんとんやかたでは、子どもたちに七草がゆを知ってほしいので、このころになると、片手《かたて》をまな板にして、七草をきざむしぐさをしながらうたっています。

七草は、せり、なずな、ごぎょう、はこべ、ほとけのざ、すずな、すずしろ、だよね。

たこたこあがれ

たこたこあがれ　てんまであがれ

空高くあがったたこを見あげてうたう、たこあげの歌です。

●輪になって手をつなぎ、つないだ手を大きく前後にふって、風をおくるよう

にうたいます。

● 一人ずつ、たこをあげているつもりで、両手で糸をたぐるようにしてうたいます。

● 連《れん》だこになって、空をとびましょう。みんなで手をつなぎ、せんとうの子にひっぱられて、うたいながらあるきます。

うえからしたから

うえから　したから　おおかぜこい　こい　こい　こい

風をよぶ歌です。

● 「たこたこあがれ」をうたうときに、たこがうんと高くあがるように風をよぶのにうたったり、大風のふく日に、「まけるもんか」と足をふんばってうたいます。

「うえから　したから　おおかぜこい」　両手を高くあげ、左右に大きくゆらし、風がふいているしぐさをします。

「こい　こい　こい」　両手を前にだして、風をよびます。

ほら、おかあさん　ちゃんとじぶんのたこを　みててよ！　わたしの　たことからんじゃいそうに　なってるわよ。

まめっちょ

まめっちょ　まめっちょ　いったまめ　ぼーりぼり
いんねまめ　なまぐせ
すずめらも　まわっから　おれらも　まわっぺ

回転あそびの歌ですが、とんとんやかたでは節分《せつぶん》のころに、子どもたちが豆をもらう歌にしてうたっています。

●先生がおばあちゃん役になって、大きなざるに入れた節分《せつぶん》の豆を、手でざらっざらっと煎《い》るようにしてうたいます。子どもたちはおばあちゃんをかこんでまわりをあるき、うたいおわったら、一人ずつ、年齢《とし》の数だけ豆をもらいます。みんなは、一年にいちどのこの日を、とてもたのしみにしています。

こどもたちは、手をつないで、おばあちゃんの歌にあわせてうたってあるく。歌をはやくしたりおそくしたりします。ものすごくはやくするとみんなたいへん。

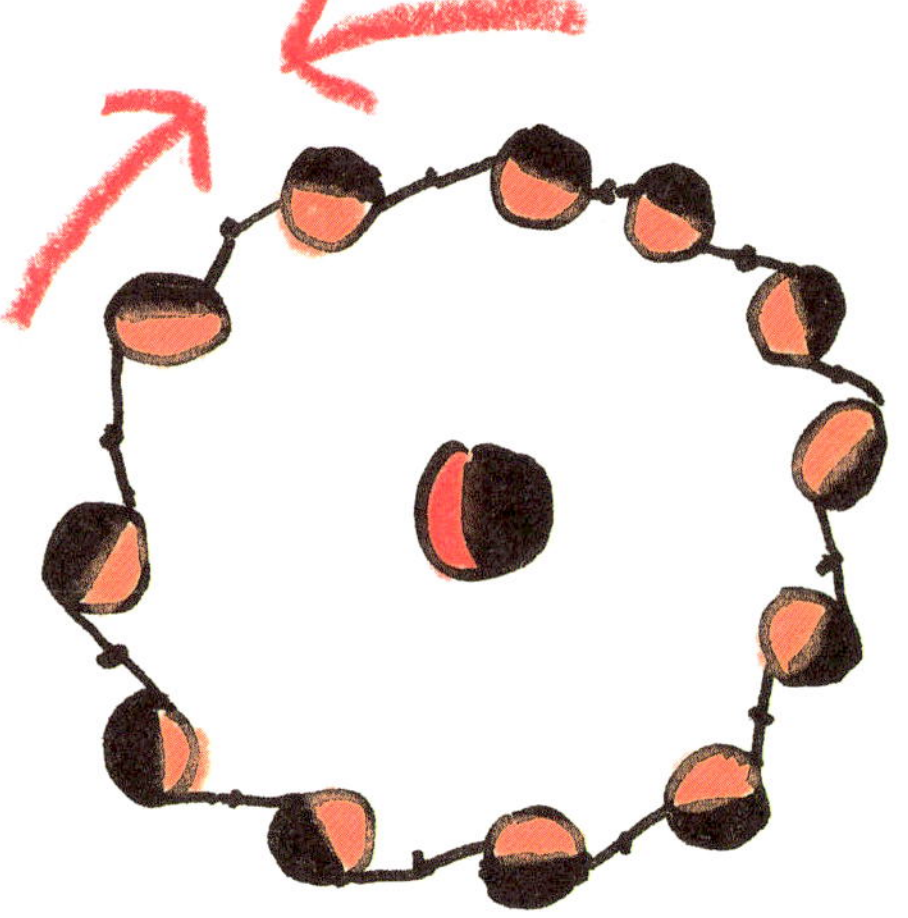

一回ごとに反対まわりにあるいたりもします。

なんべんもうたったあと、こどもたちは　おばあちゃんをかこんで
まあるくすわる。そこで、おばあちゃんは豆をくばりはじめる。
「あーあんたあ　だれだあ？」
せんせいがまるっきりおばあちゃんになってしまうので、
こどもたちは　えらく　よろこびます。

「あーあんたあ、だれだあ？」「むっちゃん」「むっちゃんは、このばっちゃんにあったの、はじめてでしょ」「はじめて」「むっちゃん、おてが大きいかな、ちいちゃいかな」「おっきいですう」「じゃ、おっきいおててに、お豆ひとつあげようね、はい」

「あっ、この手はじめてだ。この手はだあれ？」「なつみ」「あんたが、なつみちゃんていうの？　あんた、まじめそうな顔してるけど、ほんとはまじめじゃないんだってね」「はい」「あんた、すなおな子だね。はい、お豆ひとつね」

「ばっちゃん、としいくつ？」「ばっちゃんはみっつ。ばっちゃん、みっつまでしか、かずかぞえられんの。だから、ばっちゃん、ひとつふたつみっつ、みっつだ」

「あっ、ばっちゃん、豆こぼしているよ」「あんた、なぜそんなに気がちっちゃいの。おちた豆は、ひろってたべればいいの、おいしいよ。ポリポリポリッ」

「わたしゃね、すみれちゃんが、かわいくてしようがない。こんにちは、おひさしぶり。すみれちゃん、げんきだったか？　どこがげんきだった？　はなのあた

おめー、このへんで　みかけねえこ　でねえかえ

まか？　いいねえ。ほんじゃ、ふたつあげよ」

「あらまあ、こんにちは、ゆきちゃん。なにこれ、かわいいもんつけちゃって。ゆきちゃん、うたじょうずなんだって、こんどうせんせいいってたよ。ゆきちゃん、お声きれいなんだってねえ。よかったね。いっぱいうたってちょうよ。お豆、おまけでみっつあげようね」

「げんきかい、はるちゃん。はるちゃん、なにがすきだ、たべるもの。にくか。にくはいいなあ。はい、お豆もたくさんたべてちょうだい」

「あんた、はじめてじゃないね。あんた、もえちゃんでしょ。もえちゃん、やさしーいひとだってね。はい、あんた、おとうとがいたでしょ、へんちくりんなおとうとが。ハハハハハ。はい、お豆あげるね」

「こっちもいるんだ、おとうとが……ねえ。うちでけんかする？　しないの？　するんだ。どっちがつよいの？　ともよちゃんがつよいのか。まけるでないぞ。がんばれや」

「はい、このおててにもいれてあげよ。はい、もひとつおまけ」

「こんにちは、あんた、ひょっとしたら、のんちゃん？　げんき？　ばっちゃんもげんきだわ。よかったわね。はい、お豆」

「あら、こんにちは。あんた、ひょっとして、ともこちゃんじゃないの。まあー、おかあさんとソックリになったねえ、ニコニコわらって。あんた、いもうとでくろうしてんだってねえ。くろうだから、ひとつ、ふたつ、みっつ、よっつ、いつつ、むっつ……」「あっ、ばっちゃん、みっつからうえもかぞえてる」「あっ、まちがえた、ひとつふたつみっつ、ひとつふたつみっつ、ひとつふたつみっつで、くろうだね。くろうのくだけはわかるのよ。ばっちゃん、くろうしてきたからねえ」「わたしもくろうしてる」「エッ！　あ、あんたもくろうしてるの。ひょっとしたら、あんた、ひろとくんという子のいもうと？」「うん」「あー、あのおにい

ははは
ははは

ちゃんじゃ、くろうするわ。おまけにもうひとつ、豆やるわ」

「はなちゃん。はなちゃん、あなた、おりこうだねえ。かんしんした。しずかにまっててね。おててだしてごらん。はなちゃん、お豆すき？　そうか。いっぱいいる？　はなちゃん、いくつになったの？」「はっさい」「はっさい。はっさいっていくつ？」「やっつ」「ああ、やっつになった。大きくなったんだねえ、まあ」

「あっ、あんた、まだもらってないの。あらまあ、ごめんなさいね、おそくなってしまった。まあ、きよちゃん、ばっちゃんよりずっと大きくなっちゃったね。なんセンチぐらいあるの？」「一四一・四センチ」「一四一・四センチ。ばっちゃん、一四七なんだけどなあ」

「えーと、こっちはだれがもらってなかったっけ。ゆかちゃんだったっけ。はい、ゆかちゃん、あげるよ。ばっちゃんはやさしいから、ちゃんとわかってんの。みんなもらったかな」

「あー、こっちにも、だれかいたの。あー、あんたたちも、豆ほしいかね。としのかずやるよ。としいくつかね」「ちょっと、いえません」「いえないの？　いくつ？」「にじゅうご」「あんたは？」「さんじゅうく」

「ごくろうごくろう……はい。みんないい子で、よく話きいたね。ばっちゃんの豆、あっさりいってあるから、よくかんでたべるんだよ」

よし、これでみんな、まめ
もらったな。のこりはー
ばっちゃんが、もらっぺ。

ひとつ おまけしとこ

まだ なまぐせえ なあ

ばっちゃん もっと いっぱい
じゃあー もちっとな

ばっちゃん
としいくつ？

あずきっちょ
ひやふや

あずきっちょ　まめちょ　やかんの　つぶれちょ
ひやふやの　やまみちを　とおってあるくは　はなこさん
やまのどては　くずれた　あかおにさんびき　にげだした
はやくにげろや　はなこさん

「あずきっちょ」はからかい歌、「ひやふや」はなわとびの歌ですが、とんとんやかたでは、二つの歌をくみあわせて、つかまえオニであそんでいます。

●オニを一人、きめておきます。オニは、輪の外に立ちます。
輪になって手をつないだ子どもたちは、「あずきっちょ」をうたいながら、つないだ手を小さく上下にふり、「つぶれちょ」の「ちょ」でひざをまげて、すこし小さくなります。くりかえしうたうごとにだんだん小さくなっていき、

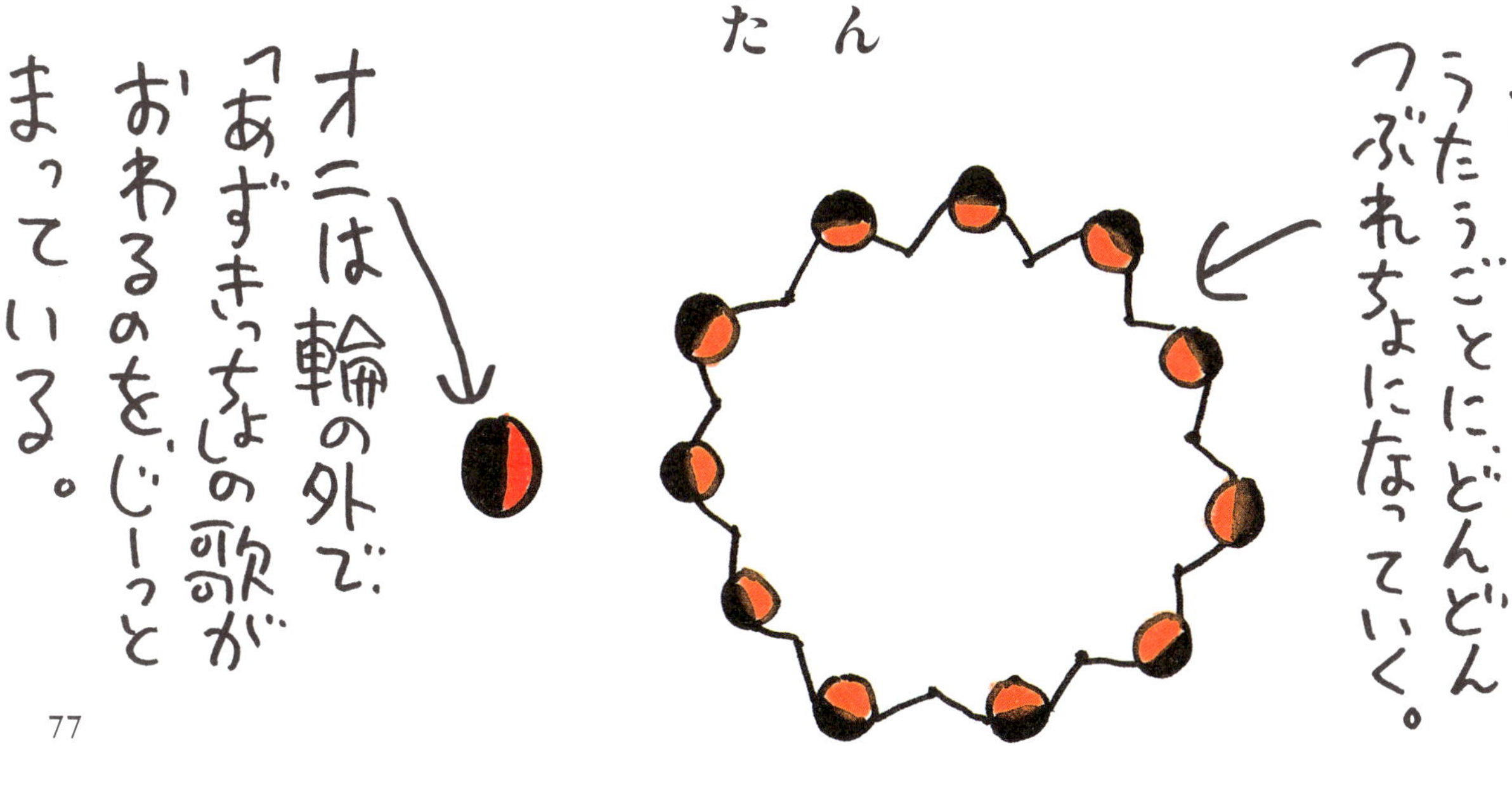
「あずきっちょ」をうたうごとに、どんどんつぶれちょになっていく。
オニは輪の外で「あずきっちょ」の歌がおわるのをじーっとまっている。

やーまの どーては くーずれた

それえ、にげろお

ひざをつき、床《ゆか》にまるくなり、おしまいにうつぶせにたおれます。

みんながたおれたら、オニは、まってましたとばかり、「ひやふや」とうたいながら、のっしのっしとみんなのまわりをあるきます。「はやくにげろやはなこさん」でオニがとまると、子どもたちはいっせいにとびおきてにげます。オニはおいかけて一人をつかまえます。つかまった子はオニの仲間になり、オニが二人になります。

つかまらなかった子どもたちは、すぐにまたみんなで輪になり、「あずきっちょ」をうたいながらどんどん小さくなって、うつぶせにたおれます。二人のオニは、「ひやふや」をうたってあるき、こんどはそれぞれが一人ずつつかまえて、オニが四人になります。

全員がつかまるまでくりかえし、さいごはみんながオニになって、「ひやふや」をうたいながら、地ひびきたててねりあるきます。

つぶれちょになってうつぶせにたおれてるみんなのまわりを、オニはどしんどしんあるく。

オニはこのへんをあるいたり、こどもをまたいでいったりする。おそろしい。

「きょうだい
はやくいこう。
もうすぐどてが
くずれるぜ」

「きょうは、やすみに
しようかなあー」

「ダメだよ。
みんなおれたちの
こと、まってん
だから〜」

あめこんこん

あめこんこん　ゆきこんこん　おらえのまえさ　たんとふれ
おてらのまえさ　ちっとふれ　あめこんこん　ゆきこんこん

雨と雪をうたっていますが、じっさいには、雪をよぶ歌です。

●しぐさをしながら、うたいます。2拍ずらして二人で輪唱《りんしょう》でうたうと、雪がしんしんとふってくるようです。

「あめこんこん　ゆきこんこん」　両手で雪をふらせます。
「おらえのまえさ」　自分をさします。
「たんとふれ」　たくさん、のしぐさをします。
「おてらのまえさ」　遠くをさします。
「ちっとふれ」　ちょっぴり、のしぐさをします。
「あめこんこん　ゆきこんこん」　もういちど、両手で雪をふらせます。

みんなのところでは、雪はたんとふりますか？

いっぱいいっぱい ふらせよう
あめこんこん ゆきこんこん

ゆきこんこん

たんとふれ

おうえのまーえさ

雪がふったら、なにしてあそぶ？

あめこんこん　ゆきこんこん

おらえのまーえさ
雨はちっとでいいかな↗

おらえのまえさ↗
↙ちっとふれ

おふえのまえさ　たんとたんと

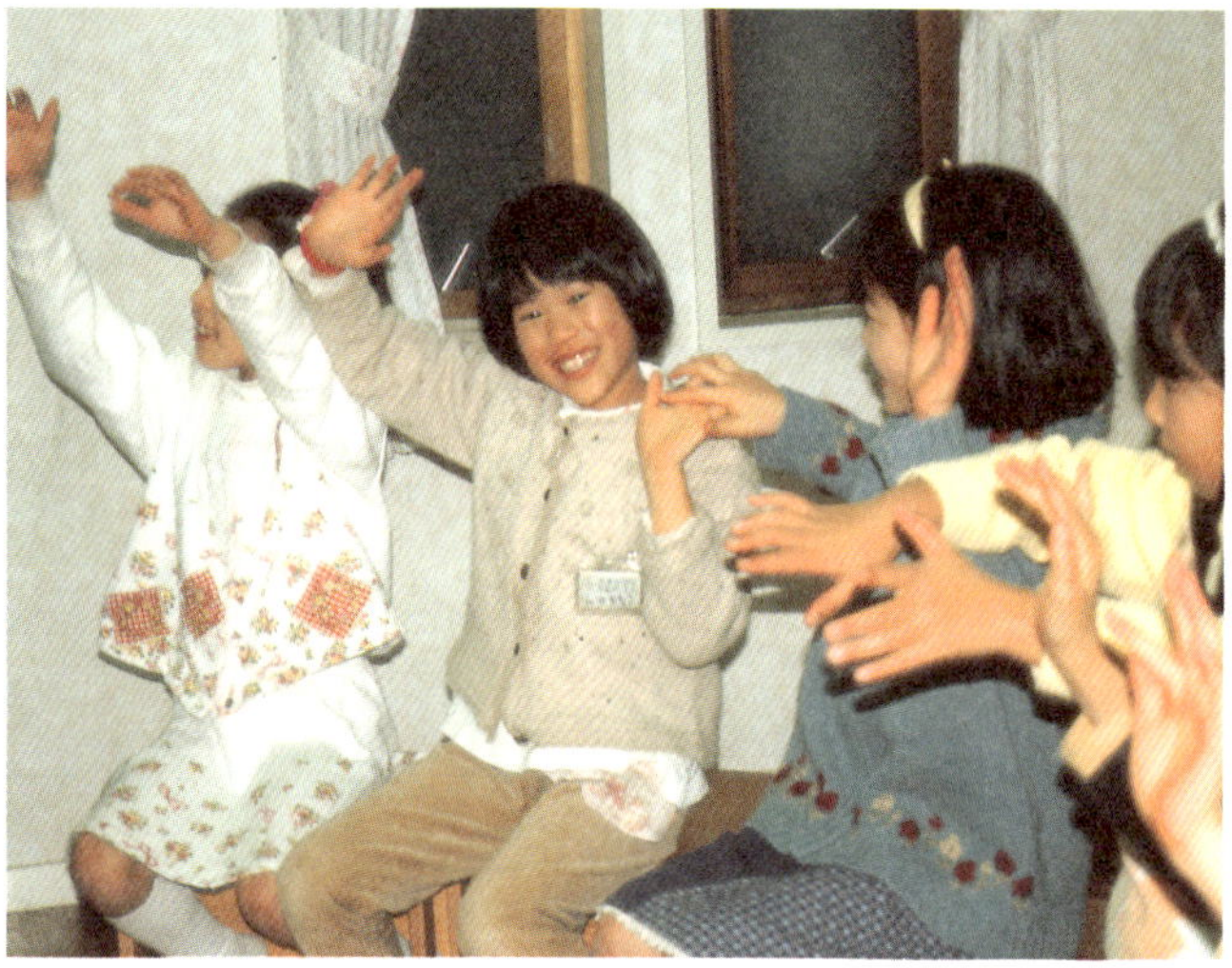

たんとふったら学校やすみかな？

たーんとふれー

あっちにはふらんでえーよ

座談会「わらべうた」を子どもたちに返すために

「わらべうた」とおんがくきょういく

羽仁協子　黄柳野《つげの》学園理事長
小澤俊夫　筑波大学名誉教授　昔ばなし研究所所長
近藤信子　この本の著者
斎藤惇夫　児童文学者（司会）

つくばの町に「わらべうた」が聞こえる

斎藤（司会）　今では子どもたちが町なかで「わらべうた」を歌って遊んでいる姿はほとんど見かけなくなりました。まるで子どもたちが町から消えてしまったような感じさえ、極端にいうといたします。それほど「わらべうた」は子どもの遊びとはほど遠いものになってしまった。

そう思っていましたところ、つい先日、つくば市に住む三十代の人からうれしいことを聞きました。その人が散歩していたら路地裏で子どもたちが「わらべうた」を歌って遊んでいたというのです。その人は「とんとんやかた」のことを知っていて、あっ、あそこでいっしょに遊んで歌った歌じゃないかと思って聞きながら、とても懐しくうれしかったそうです。

羽仁さんがハンガリーから帰国して、「わらべうた」を子どもたちに返そうという活動を始められたのは、第二次世界大戦後しばらくたってからのことですが、そのころというのは日本の子どもたちが西洋音楽一辺倒の教育のなかで悲鳴をあげていた時期ではなかったかと思います。そういうなかで羽仁さんが「わらべうた」を子どもたちといっしょに歌おうとされた。子どもたちを「わらべうた」の遊びの世界に開放なさろうとした。この試みが大きな波紋を投げかけて、子どもたちに一つの福音として受け取られたのではないかと思います。その時点に返ってみて、なぜ羽仁さんが「わらべうた」を子どもたちに返そうという運動をお始めになったのか、そのあたりのことから羽仁さんにお話ししていただけませんか。

羽仁　ことの始まりは、ハンガリーの音楽家コダーイとの出会いです。父の羽仁五郎はコダーイを知っていて、私にハンガリーへ行ったらぜひコダーイに会えとすすめました。私はヨーロッパへ渡ってから五年目にハンガリーへ行きました。そして、父の友人のハンガリーの人にまず会いに行ったのです。するとその人は私の父から「娘は音楽を一生懸命勉強しているから、あなたのところにうかがわせるので、面倒をみてやってほしい」といってきたというのです。私はコダーイなんて雲の上の人だから、三か月ぐらいたったらそのうちに会ってくれるだろうと思っていたら、その人はもう電話していて、「いつ来ますかといってますよ」と。しようがないから「あした行きます」といったら、「じゃ、あした待っているそうです」ということで、次の日、私はコダーイを訪ねました。

コダーイという人は、非常に口が重たい人なんです。こっちもなにを話していいかわからないから黙っていた。私はその時点で、もう音楽はやらないと決心していたのです。それで、もにゃもにゃしていても始まらないので「音楽はやめますので、申しわけないけど先生のお世話になりません」といっちゃった。

斎藤　初対面で失礼な方ですね（笑い）。

羽仁　コダーイは偉い人です。しばらく黙っていましたが、やおら口を開くなり「人間というものは、自分にとって決定的な瞬間に直観的に判断するものだ。あなたも、今自分がそういうふうに感じていると思うのだったら、それでいいじゃないか」といってくれました。そのうえ「ただ、私はあなたのお父さんに頼まれているので、一年間あなたの好きなようにでいいから、私の『民族音楽研究所』に通うように。所員を紹介してあげるから、そこであなたがやりたいことを見つければいい」というのです。

それで九年間ハンガリーで、あまり音楽のことに関わらないで過ごしたわけですが、日本から音楽の先生たちが来て「コダーイ・システム」とか「わらべうた」教育とかを見学するようなときは、私もいっしょに通訳としておともしていたので、そういったことについては見て知ってはいました。私がなぜ西洋音楽をやめたかというと、今ふり返ってみると、音楽は文化の一部にすぎないのに、違う文化を持っている自分たちが西洋音楽だけをやるのは私にとっては意味のないことと考えたからだと思います。では私がなんで保育園に身を投じようと思ったのかとなると、今でも全然わかりません。でもそういうふうになっちゃったんだから、しようがないですね（笑い）。

ハンガリーは保育園教育はことにすぐれていました。ハンガリーの保育園が一時は全部「わらべうた」の教育の場になったわけですが、それはもちろんコダーイの影響大だと思います。

斎藤　そうすると、ハンガリーに行って保育園を経験なさったこと、あるいはハンガリーでは音楽が民族の中からごく素直な形で生まれでてそれが保育園で歌われていたことなどが、羽仁さんが日本で「わらべうた」の運動を始めるうえの動機づけとなったのかもしれませんね。

羽仁　きっかけは、私が日本に帰る前に見学に来た明星学園の小学校の音楽の先生が、帰国した私に「わらべうた」の研究をしているので、ぜひ手伝ってほしいといってきたことです。私もすることがなかったので、出かけて行きました。そこで井の頭保育園の保母さんたちと出会った。明星台幼稚園という、これは明星学園とは関係がないんですけど、すぐ隣の幼稚園で、その三つのグループが「わらべうた」の研究をすこしずつ始めていたのです。それで私もそこに入らせていただきました。次の年の夏、フォーライ・カタリンというコダーイのお弟子さんを迎えて、井の頭保育園が実践発表をしたとき、近藤さんもいらっしゃった。

斎藤　近藤さんは、羽仁さんが「わらべうた」運動を始めようとした直後ぐらいに羽仁さんと会っているわけですね。

近藤　そうですね。でもそんな早いころと思っていませんでした。お始めになってかなり経っているとばかり思っていました。

「西洋音楽」育ち

羽仁　私自身は、自分の家庭では「そうだ村の村長さんが死んだそうだ、葬式まんじゅうでっかいそうだ」くらいしか「わらべうた」を知らなかった。それ以外の民衆の伝承は知らずに育ちました。自由学園のエリートでしょう。父はドイツ留学帰りの歴史学者で、自由学園の分譲地に住んでいるし。

斎藤　そのことはほんとうに不思議な気がしていました。羽仁家では西洋音楽ばかり聴いていらしたろうし、羽仁五郎という人は「わらべうた」を認めるタイプの人とは思えませんでしたから。羽仁さんが「わらべうた」に魅せられたのが不思議でした。

　不思議といえば小澤さんも不思議で、北京生まれで北京育ち、日本の昔話を聞いて育ったわけではない。それがとつぜん昔話にひかれて昔話の研究者となり、ついに再話して子どもたちに昔話を返していくという、たいへん大きな仕事をなさった。羽仁さんの「わらべうた」と小澤さんの「昔話」の仕事とはずいぶん似通ったものを感じます。

小澤　大学に入ったとき、ドイツ語の授業で一人の先生が教材として『グリム童話』を読んでくれたことがありました。もう一人の先生はリヒャルト・レアンダーの『ふしぎなオルガン』。まだ国松孝二さんの訳が出る前なんです。似ているんだけどなにか違うんですね。グリムをやっていた関楠《せきくす》生《お》先生という方に聞くと、「ああ、グリムは昔話だからな」とおっしゃった。僕はグリムは創作だと思っていたからびっくりしたわけです。それでグリムを読んでみたらおもしろかった。すぐに卒論でやろうときめました。でも僕は昔話専門ではなく、ずっとドイツ文学畑でやってきたんですよ。

　修士論文を書いているとき、日本の民俗学の開拓者である柳田國男の研究所に「ドイツ民俗学雑誌」があるのがわかり、調べたいことがあったので行ったんです。なんの紹介もなく、いきなり夕方の四時半ごろドアをたたいた。そしたら和服姿の柳田國男先生ご自身が出てきちゃったので、びっくり。「なんの用だ」「『ドイツ民俗学雑誌』が見たいんです」ということで、一時間半ぐらいそこでいろいろ調べました。帰ろうとしたら所員はみんな帰ってしまって、先生一人残っていました。「なにを調べている」「グリム童話の論文を書いています」といったら「まあ、そこへすわれ」。そこで一対一ですわりました。

　僕が一生懸命勉強したてのことをべらべらしゃべったら、先生は「ちょっと待って」とおっしゃってノートを持ってくると、僕のいうことを書くんです。この人偉い人だな、僕みたいなチンピラのいうことを書いてくれる、いいのかしらなんて思った。別れるとき、先生は「君、グリム童話をやるなら日本の昔話もやってくれたまえ」とおっしゃいました。そのときはわかりませんでしたが、当時の先生は日本の昔話の比較研究にどんな可能性があるのかということについてとても疑問を持っておられた。そのお気持ちが「やってくれたまえ」にはこめられていたのだという気がします。

　それから柳田國男のものを読みだしました。すこしフィールドワークみたいなこともしてみました。するとがぜんおもしろくなった。そのとき決定的だったのは土地言葉でした。

斎藤　というわけで、羽仁さんも小澤さんも、スタートの時点では「わらべうた」をたっぷり歌って遊んだわけでもないし、「昔話」をたっぷり聞いて育ったわけでもない。羽仁家ではどういう歌を歌っていたんですか。

羽仁　讃美歌。歌うと羽仁もと子さんと羽仁吉一さんがいかにオンチかわかっちゃう(笑い)。

斎藤　小澤征爾さんのお兄さんの小澤さんの場合、やはり西洋音楽育ちですか。

小澤　音楽に関してはまったくそうです。

斎藤　お二人に比べると、近藤さんはちょっとタイプが違って「わらべうた」も「昔話」もたっぷり聞きながら育ったわけです。そして今「わらべうた」をなさっている。近藤さんの場合、どのようなケースかお話しください。

近藤　祖母が昔話が好きで「信子、ちっとこいや」

といって聞かせるのです。いつも火鉢のところに呼び寄せられて、鉄瓶からシューシュー湯気が立っている場で、兄といっしょによく話を聞きましたね。だから「昔話」というと祖母そのものなんです。祖母がいた家も庭も、その家全体が「昔話」そのものとして、私の心の中にあるという気がしています。「わらべうた」もそうです。

　小学校二年生からピアノを始めて、桐朋学園のピアノ科を卒業して、桐朋の「子どものための音楽教室」に就職しました。でも、どうしてか生徒たちの表情が子どもの表情じゃないのです。音楽って楽しいはずなのに苦しそうなんですね。どうにかしてこの子どもたちを生き生きとした目にしてあげたい、これは若気の至りですが、なんとかしたかった。そんなとき、フォーライ・カタリンさんという方がいらっしゃるから来てみないかと誘われて、喜び勇んで出かけました。そのとき初めて羽仁さんにお会いしました。

フォーライ・カタリンさんの授業

小澤　それがさっきのお話ですね。

近藤　はい。まさか羽仁さんがあのとき日本に帰りたてだとは思いませんでした。それこそ、羽仁さんがコダーイを雲の上の人とおっしゃったように、私には羽仁さんが雲の上の先生だったわけです。井の頭保育園の実践発表でフォーライ・カタリンさんに出会って、「わらべうた」を研究する方々にお会いできました。私は「わらべうた」を通して音楽教育をやりたかった。これが私の最初の思いです。

斎藤　それから羽仁さんがハンガリーにいらっしゃるときついて行ったんですね。

近藤　そうです。ハンガリーに行ったら道が開けるのではないかという思いで行きました。

羽仁　その感想はいかがでしたか。

近藤　フォーライ・カタリンさんの授業はすばらしかった。自然体だったということが私には驚異でした。フォーライ・カタリンさんがそのまま子どもといっしょに歌を、語りを楽しんでおられた。子どもといっしょ、同等だったということに私は感動しました。

　帰ってから桐朋でもやりはじめたのですが、始まったところで、私は夫の仕事の関係で、子ども二人を連れてアメリカに行くことになってしまいました。でもアメリカの「わらべうた」の教育もすごいなと思いました。日本の「さくら」は「さくらさくら」と日本語で書かれているし、ドイツやフランスの「わらべうた」もその国の言葉で教科書にのせている。「たこたこあがれ」を英訳して子どもたちに歌わせてみたところ、全然だめ。で、日本語そのもので歌わせるとすごくいいんです。気持ちよく歌うんです。言葉とメロディーというのはこんなにもすばらしく一致するものなのかと初めて実感しました。

　アメリカから帰ると、やっぱり音楽教育は「わらべうた」からやったほうがいい、それがいちばん自然体なのだと、すぐ「とんとんやかた」を始めました。今は二歳から中学生まで百七十人ほどの子どもたちが来ていますけれども、ほんとうに子どもたちは生き生きとして遊びますね。私はそこから音楽教育をと最初は思っていたんです。それなりのこともすこしはしているんですけれども、でも子どもたちはここで学ぶんじゃないんですね。遊びたくて来るんですよ。「せんせい、あそぼー」といって来るんですよ。これにはまいりました。すこしは桐朋の音楽教室みたいにきちっとやりたいなと思ったんですけど、ちょっと今のところ、無理ですね。でも、ほんとうの教育ってなんだろうと思うときに、この「わらべうた」は一つの大きな要素ではないか、大きな文化の一つではないかなと思います。

教えること、伝えること

斎藤　羽仁さんが「わらべうた」を始めて、その輪がすこしずつ広がっていったわけですね。今は全国的に羽仁さんが提唱なさったスタイルで「わらべうた」を子どもたちといっしょに歌い遊んでいる方々がいますが、園の先生方に対して、日本の親に対して、お感じになっていること、おっしゃりたいことはありますか。羽仁さんが思っていたとおりにごく自然に「わらべうた」が浸透していったというお気持ちですか。ある特定の園にしか「わらべうた」はないような気もしますが。

羽仁　日本は象徴的な意味で、ほとんど子どもすら見かけなくなった社会です。でも、民族音楽の研究で知られた小泉文夫さんのグループが今でも研究しているように、都市の下町ほど「わらべうた」は残り、生きていることも事実ですよ。子どもたちは表面に出てこないだけで、どこかで「わらべうた」をやっています。

　このことで小泉さんが私を批判されたのは、「わらべうた」は教えちゃいけないということですね。教えるなら「わらべうた」じゃないといわれました。一方で伝えたい、伝えたいといいながら、でも教えるのは間違っていると。やっぱり子どもというのは教えられることが子どもの世界ですよね。だから昔話をしてあげるということは、自分の人生なり、自分が伝えてきたことなりを、あんたたちわかってよということでしょう。だから伝えたいというのは、だれでも大人が持つべき姿勢だし、子どもは受け継ぎましょうという姿勢を持っている。そのなかでときどき不合理なものとか不純なものが入ってきたからといって、子どもに教えちゃいけないということになるんでしょうか。私が青森の「わらべうた」を教えたら間違っているといわれましたが、東京の井の頭保育園でいちばんみんなの好きな「どっちどっちえべすさん」（3の58ページ）は完全に京都弁です。それを子どもたちは喜んでいる。今の世の中で大人は新幹線でとびまわっているのに、子どもだけは自分の地域の「わらべうた」だけなんておかしい。

小澤　羽仁さんのしていることは、「教える」というより、やはり「伝える」ということだと僕は思います。子どもが「ぼく、こういうの知っているよ、いっしょにやろうよ」というように、「教える」ことであっても、ほんとうは「伝える」という仲間づくりになっているのです。「教える」ことに、「評価する」がつくとまずいんだとこのごろ感じている。

「わらべうた」の自然な流れ

斎藤　小澤さんは「昔ばなし大学」という活動を精力的にやっておられます。「昔ばなし大学」によって、昔話が本来持っているスタイル、小澤さんは「語法」とおっしゃっていますが、子どもたちに昔話本来の形を返していく土台ができつつあるのではありませんか。

小澤　僕はしつこく昔話の語り口の大切さについて説いているのですが、それはこういう思いからなんです。フィールドワークを何十年とやってきましたが、土地言葉というのは聞いていてすごく心地いいんですよ。お話がとってもおもしろい。ところが、それが本になって再話されたもの、あるいは絵本になって活字になったものを見ると、流れるような楽しさがなくなっている。それがいちばんのもとなんです。昔話がずっと伝えられてきたのは、聞いているのが楽しいからであり、その楽しさを奪っていいわけないという思いなんです。その結果は福音館書店で出してもらった『日本の昔話』に実現していると思います。

　そういう意味から、僕は羽仁さんとハンガリーの心理学者バログ・マールトンさんとの対話が本になった『遠くからきた鏡』（雲母《きらら》書房）で、すごく興味を持って読んだところがあるのです。来日したコダーイ夫人が、披露された日本の「わらべうた」の歌と遊びを見て「この中にはあなたがつくった遊びかたのものもあるのでしょう？」と羽仁さんにいったというところです。コダーイ夫人はハンガリーの遊びに似たものを感じてそう聞いたのですね。でも日本人たちはそこに純日本風のものをうけとめて自然に感じていた。そのことについてバログさんが「なぜ『私たちがつくったものだ』とはっきりいわなかったのですか」と羽仁さんを問いつめる。羽仁さんが取り調べられているみたいで、僕はおもしろく読みました。でもあれは羽仁さんがやったことは正しいと思うのです。みんなが変に思わなかったのは、「わらべうた」の自然な流れを把握していたからです。

　昔話も同じです。遠野の昔話の語り手として知られる鈴木サツさんが、「父親から聞いた話のある部分を忘れてしまっているとき、『聴耳草紙《ききみみぞうし》』（佐々木喜善著）を読んで加えていった。本から補ってはいけないと思っていたので、そのことは黙っていた」と話してくれたことがありました。僕たち陣営は、それはかまわないという立場でやっていたので、おばあちゃん安心しておっしゃった。

　いろいろごっちゃなものを、物語の流れについて感性のいい人たちが、きれいな形にして伝えてきているのが昔話の伝承ではないかと、僕は考えています。

羽仁　「わらべうた」というのは、子どもが遊んでいるわけだから音程だって自由自在に変わる。伝承そのものですよ。動きがそれを決定するのです。昔話だって語るわけだから、読んでいるときとは違って、あっちを見、こっち見、自分も詰まったりしながら語っていくことのなかに、その人らしいスタイルもあらわれるだろうし、その人自身は本から学んだって、十分に人間的なコミュニケーションとして成り立つと思います。

近藤　実際問題として、同じ歌でも、地区は同じであっても学校によって全然違うんです。子どもたちに歌わせてみてすごくおもしろかったですね。あっ、子どもたちはこうやって歌いたいんだと。子どもたちは自分たちで遊びかたも変えていきます。こうやってやりたいんだからこうやる、そしてまた次の世代がこうやってと、そう動いていくんだろうなと思いました。どんどん変化していくのが実におもしろいなという気がします。

小澤　僕は、そうやって変わっていくのは当然だと思うし、それでも楽譜できちっと定着させておくことはとても意味があると思っているのです。つまり、五線紙で書かれる音程通りいくわけないんだけど、一応形をきちんとしておくのはいいことだ、そこからいろいろ変わってくると思っています。楽譜が絶対でピアノの音程と同じでなければいけないと考えるのはおかしい。

昔話も実はまったくそうなんです。「語る」というのは言葉がきちっと入ってないと語れない。おしゃべりになってしまう。『日本の昔話』の五冊本は共通語で書きましたが、僕は「あとがき」にそれぞれの土地言葉、読者の住んでいるところの日常の言葉で子どもたちに語ってやったらなおいいだろうと書きました。その場合は本の文章とはすこし変わりますが、当然それでいい。ただ僕がおそれるのは、十分にきちっと覚えずにお話を語ることです。これはだめ。話が崩れてつまらなくなります。

「わらべうた」でいいなと思っているのは、意味のない言葉がいっぱいあることです。「わらべうた」だと、意味のない言葉も平気で歌えるし、聞いて変じゃない。昔話だとそうはいかなくて、たとえば話の結びに「とっぴんぱらりのぷう」なんて出てくる。意味なんてないでしょ。だけど意味はなんですかと聞く人がいます。意味がない言葉は意味がないと思うらしい。だから昔話のほうが理解されるのは難しいんですよ。

羽仁　でも「わらべうた」だって、親の抗議は大変ですよ。こんなわけのわからないものを教えないでくれと。

小澤　わけのわからないものを排除するという考えかたは、ものすごく危険ですよね。よくないと思う。今の世の中の大勢は、意味のない言葉はだめだというほうが強い。おおげさにいうとファンタジーを許さなくなってきているんじゃないかという気がして、とても心配なんです。だから子どもの教育もそうなっちゃう。そういうなかで子どものファンタジーは育つわけがない。豊かな心なんて空念仏で、かなり深刻な問題だと思う。

「わらべうた」を音楽としてとらえる

編集部　この本の中に「つるつる　かぎになれ　さおになれ　たいころばちの　ふたになれ」（1の60ページ）という歌があります。これはすこし前の時代の子どもたちが、夕方、空飛ぶ鶴を見て歌った、歌だけのものですが、ここでは「渦巻き遊び」がついています。これなどはさっきの羽仁さんとバログさんの対話に出てきた「もともとはなかった遊びをつくってつけた」ケースにあたると思うのですが、あのようなみごとな「渦巻き遊び」ができるには、だれか指導する人が必要ではないかという感じがします。新しくつけられた遊びが野に戻る可能性についてどうお考えですか。

羽仁　それは、子どもの運動機能によるんです。あの遊びは先頭だった子が、一回すんだらかならずしっぽに行くんですね。だからうまくいくときもあるし、いかないときもある。それを子どもが自分たちで評価して、今度何ちゃんだからできないよね、しっかりやろうと思うわけでしょう。今度何ちゃんだったら任せておいてもきれいにいくとか、できそうもない子が先頭になったらみんな緊張してちゃんとやろうとか。それは年齢によって非常に違います。野に戻るか戻らないかということは、それは子どもがすることです。井の頭保育園では、子どもは「渦巻き遊び」をやるのが好きですよ。まだ五歳ぐらいの子が、自分はこんな変わった遊びを知っているといって、自分より大きな子を集めてやっている。ですから、子どもの個性、グループの個性、年齢によってすごく違います。

近藤　一度でも楽しく遊んだ経験のある子が一人でも入っていれば大丈夫、できるんです。「こんなんじゃないよ、もっとおもしろいんだよ、こんなやりかたじゃだめだよ」という。いつか「すずめすずめ」（2の6ページ）をやったとき、「こんなんじゃつまらない、もう一回やろう」っていう子がいて、ちゃんと楽しく遊びました。

羽仁　ここに遊び学の研究者が一人必要ですね。遊びの持っている力というものは、大きな癒す力があるわけでしょう。それは偉大なものですよ。「つるつる」には遊びがついてないからという理由で、子どもたちがこの歌を失うのは惜しいと思ったので、遊びをつけてでも子どもに返したい。そして「つるつる」を遊ばないでも歌だけで楽しめるという年齢になったとき、なんでこういう歌があるのか、どういう情景を描いているのかといったことに、興味を持つなら持つでいいわけです。だけど、そうなってから「わらべうた」を好きにさせることはもうできないでしょう。やっぱり体から入っていく時期にやらないとだめだから遊びをつけるのです。

そのほかにもう一つ私が考えたことは、「付点音符」にしないということなんです。子どもは熱を帯びてくるとどうしても付点音符になっちゃうんですよ。基本としてそうならないようにというのが私の理念なんです。なぜかというと、私たちの究極の目標は音楽なのです。「わらべうた」を、なんとしても音楽に持っていきたい。じゃ、その音楽は何かということは、私は全然結論を出してないし、その力がないし、今はできることをしなければいけないと思っているわけです。

「わらべうた」はもう口承の時代ではありません。きちんと音楽としてとらえて、私たちのやりかたでは、小学校一年生で遊んだものは楽譜の形としても知っているし認識もできる。それがコダーイ・システムです。一年生、二年生で楽しく遊んだことなしになにも教えてはいけない。でも楽しく十分に遊んだのなら、そこから子どもは抽象的な音楽の世界に向かって進めるという考えかたです。だから私たちとしては、楽譜というのは、ものすごく貴重な目的の一つです。でも、それがまた楽譜を教えるための「わらべうた」だったら困る。

小澤　そのために付点音符じゃなくて、羽仁さんが本の中にも書いているけれど、八分音符できちっとやっていったほうがいいという意味はよくわかるね。

羽仁　そう。そうすると普遍性が出てくるわけね。そのことと、昔話もきちんとしたテキストがあるということは、いろいろないらないもの、不純さから守るのと同じことだと思います。

斎藤　今の羽仁さんのお話について、近藤さんのお考えはどうですか。

近藤　私は難しいなという気がするんです。というのは「あんたがたどこさ」のような「わらべうた」を八分音符にしていくというのは、私にはとても考えられないからです。コダーイ・システムでは八分音符で表記するのが基本ですが、「あんたがたどこさ」は、やっぱりあのリズムがあるから躍動感がでてくるのであって、八分音符だったら、あの言葉の持つ、リズムの持つ小気味よさというのはでてこないように思います。羽仁さんのおっしゃる「八分音符」の意味もよくわかります。私もできたらそうしたいと思いつつも、やっぱり「付点音符」の楽しさは大事だと考えます。

羽仁　近藤さんの思っていることはいいと思うんです。でも「あんたがたどこさ」はわりと大きくなってからやりますね。困ったことに、これが日本語の特殊な甘さなんでしょうね。なにかを付点音符で歌いはじめると、保母さんたちも今まで八分音符で歌っていたものが、全部付点音符になっちゃうのね。「おじさん　おばさん　なにくってかがんだ」が、「おーじさん　おーばさん　なにくーてかがんだ」となってしまう。日本人はでれでれとしたものの中にはまりたいわけ。どこかの地方の特色あるリズムのゆがみとか、そういうのじゃなくて前に行きたくないというかね。

近藤　確かにそれはありますね。

小澤　そういう傾向は確かにあるね。

斎藤　楽譜についてはその問題が一つありますが、「わらべうた」はドレミソラの五音音階でしょう。ドレミファソラシドの西洋音楽と全然違いますよね。今の子どもたちはずっと西洋音楽で慣らされてきています。その西洋音楽と日本の五音音階がどこかで結びついていくということは、羽仁さん的なやりかたをすると、「音楽」に「わらべうた」が結びついていくといったらいいのでしょうか。

羽仁　理論的にはそのことを私もハンガリーにいるときに考えましたが、どうしようもないからこんなこと考えてもしかたがないと思っていたわけです。日本に帰って保母さんや学校の先生のグループで「わらべうた」をやるとき、もうそういうことはどけて、とにかくやりましょうということで始めたのです。今また「わらべうた」が盛んになってきて、小学校の先生たちにぜひ教科書を作りたいという動きがコダーイ協会のほうで起きているのですが、そういうなかで私自身は非常に迷っています。私が今三十歳だったら、自分で日本音楽から五音音階を伸ばしていって、五音音階の音楽文化を、周りにある民族の音楽を学ぶカリキュラムを小学生のために作ると、そういえると思いますが、ちょっと年月がない。

おもしろいなと感じる土台を養う

近藤　私の場合は五音音階でやって、そこでリズムと歌の認識をやったり、自分で二声を作ったり三声を作ったり、そして聴くということを今大切に育てています。（注、二声＝二部合唱、三声＝三部合唱）

小澤　僕は「わらべうた」を実際にやっているわけじゃないから想像でしかいえないけど、「わらべうた」は、単純なメロディーしか持っていないけれど、メロディーそのもののおもしろさを持っていると思う。そのうえ、リズムのおもしろさを知ることができる。音についてそういうふうなおもしろさがあるんだということが経験できれば、その先はその子たちが発展させていけるんじゃないかと僕は思うんです。たとえば、普通のクラシック音楽でもジャズでもいいんだけど、いい演奏を聞くチャンスがあったら、そのときに、あれ、おもしろいなと感じる可能性がある。そのおもしろいなと感じる土台を養っておいてやれば、あとはいろいろな可能性は出てくるんじゃないかという感じがします。

昔話の場合も実は同じで、昔話はみんなストーリーが短いんです。特に日本の場合はとても短いんです。だけど、お話を聞くことの喜びとか、耳で聞いてストーリーの先を想像する喜びとか、最後にああよかったと思える、そういうことを経験していれば、あとはその子がいろんなものを吸収できる余地、素地というものが出てくるんじゃないか。

近藤　確かに今先生がおっしゃった喜びがものす

ごく大きなエネルギーだと思いますね。

小澤　どうも子どもたちは今、喜びを味わってないんじゃないかという気がものすごくするんです。今僕が悩んでいるのは、昔話を子どもたちに聞かせることは、近ごろうんと学校で行われるようになってきたんです。それは前から比べればとてもいいことです。二十年前は学校ではやらなかったから。だけど学校でやったんだから、評価しましょう、点数をつけようとなってしまっては絶対いけない。お話を聞くことは国語教育ではなくて文学教育なんだということが、これから学校でどのくらい納得してもらえるか、これからの課題だと思っているんです。

これからの「わらべうた」

斎藤　「わらべうた」が学校教育の中でカリキュラムに組み入れられたと仮定しますと、日本の場合には、フォーライ・カタリンさんのようなすてきな教育が可能なのか疑問ですが、羽仁さんはどうお考えですか。

羽仁　フォーライ・カタリンなんて世界に一人しかいない人で、その人からインプレッションを受けて、自分たちもそういう努力をしていく。何でもそういう材料を提供して学校とか保育園が受け入れなければしようがないでしょう。受け入れたら今度はそれをどうやっていくか、そういうことを次々にやっていけばいいのです。入り口で向こうにお化けがいるから入るのをやめようというのは私はきらいですね。それはそれでたたかっていかなければならないでしょう。学校に押し込んで、そのうえでせっかく入れたのにこんなことをしているとはなにごとだといえばいいのです。

福島県の人で、こういう若い教師がいます。学生時代に福島大学でコダーイ・システムをやっている先生のコーラス部に入った。今では保護者会でも「わらべうた」が人気があって、自分のコーラス部があふれそうだといっています。なぜかというと、そこへ行くと遊べるという評判になっているという話なんですが、この人もすごくセンスがいいと思うんです。だからこういう人が増えていけば親の支持も得られるし、見ている仲間もいいなと思うでしょう。そういう素質の人がやっぱり「わらべうた」を広めていくんじゃないですかね。

斎藤　この間、ある図書館員から聞いたのですが、自分の子どもの手すらうまく握れないお母さんがいて、「わらべうた」を歌うことによって親と子がやっと仲良くなれたそうです。そんなケースは今たくさんありそうですね。

近藤　あります。「とんとんやかた」には二歳児から来ていますが、まず子どもをだっこできない、おんぶできないお母さんが、「わらべうた」をやって一年たつと、ほんとうに子どもと仲良くなるんです。ああ、この人たち来ていてよかったなと思いますね。

羽仁　だからぜひ近藤さんのところのビデオを撮らせていただこうと思っているのです。

斎藤　僕は羽仁さんが望んでいらしたことが、近藤さんの「とんとんやかた」を経由して一つ実現しはじめたという思いがして、今度の出版はとてもうれしいのです。

小澤　この本には、沖縄の「わらべうた」もあるんですか。

編集部　全部で百十八曲入れたんですが、沖縄の歌はありません。近藤さんはすこし違う感じがするんですか。

近藤　そうですね。「とんとんやかた」の子どもたちが好きなものを、私の独断と偏見で選んだのですが、沖縄の歌はまだ私のものに消化しきれていないのです。

羽仁　でも、みんな好きですよ。私たち今度小学校のほうに、沖縄の歌を五曲ぐらい入れようと思っていますよ。

小澤　僕も今、沖縄の人たちと昔話の勉強をしに沖縄へ通っているけれど、人が集まるとかならず最後は「わらべうた」になるんですよ。すごくきれいなメロディーがあって、沖縄のもいいですよ。

斎藤　きょうは、羽仁さんのお話で勇気が持てましたし、近藤さんと周りの新しい世代も頼もしいと思いました。昔話との関連についても、小澤さんのお話でなるほどなと思うところがずいぶんありました。ありがとうございました。

2000. 9. 12

項目索引

この巻にでてきた歌をこの項目でさがせます。

ページ←

	6 うめとさくら	8 じごくごくらく	12 ずくぼんじょ	16 たけのこめだした	18 はちはちごめんだ	18 もぐらどん	20 めんめんたまぐら	20 おふねがぎっちらこ	22 せんぞうやまんぞう	24 たなばたのかみさん	28 ほたるこい	28 ほ ほ ほたるこい	28 かわのきしのみずぐるま	30 げろげろがっせん	32 うちのせんだんのき
あかちゃんから					●			●							
2、3歳から			●				●		●						
4、5歳から				●		●				●	●	●	●		
6歳以上	●	●												●	●
親子であそぶ			●		●		●	●	●						
おとながうたってあげる															
人数が多くてもたのしめる	●	●		●		●				●			●	●	●
よく知っている子どうしであそぶ															
知らない子がいてもあそべる	●	●		●		●				●			●	●	●
たっぷり時間をかけてあそぶ	●														
輪になってあそぶ						●				●			●		●
列になってあそぶ															
勝ち負けのあるあそび	●			●											
ちょっとこわーいあそび															
歩いてあそぶ															
とんであそぶ															
走りまわってあそぶ										●					
しぐさのあるあそび			●	●			●								
じゃんけん				●										●	
まりつき															
くぐりあそび	●													●	
回転あそび															●
つかまえオニ						●									
ひとあてオニ															
つながりオニ										●					
子もらいあそび															
ぎっこんばったん								●	●						
ひざとんとん															
いすとり															
うずまきあそび															
歌をたのしむ									●		●	●			
行事の歌										●					
さよならの歌															
春の歌	●		●	●	●	●									
夏の歌							●	●	●	●	●	●	●	●	●
秋の歌															
冬の歌															

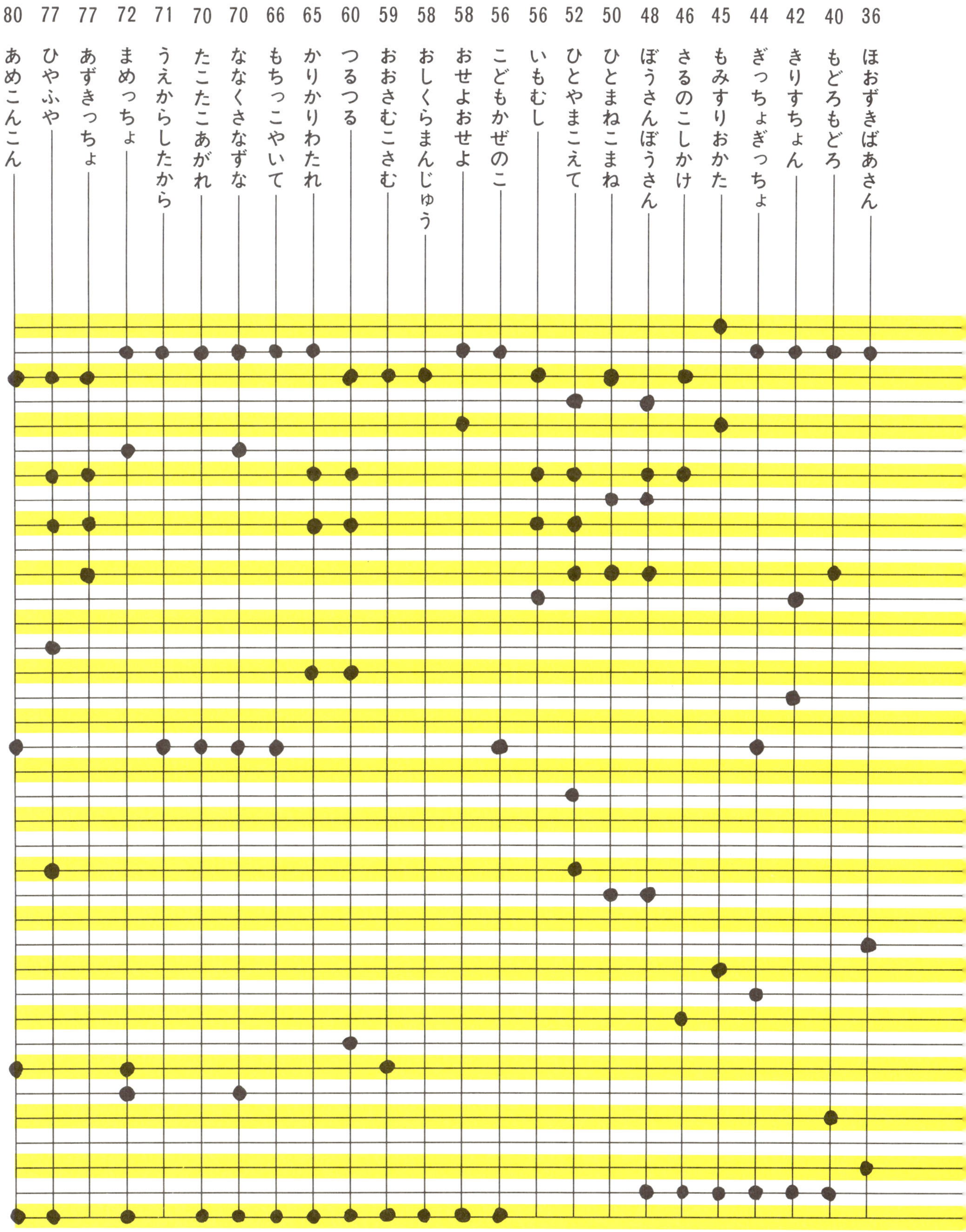

・これはおおよそのめやすです。あそんでいるうちに、これもできるなと思ったら●をふやしてください。

資料

6　うめとさくら――サ187ページ　ス⑱上137
8　じごくごくらく――ウ118　サ180
12　ずくぼんじょ――カ25　キ179　ス㉔95
16　たけのこめだした――ク168
18　はちはちごめんだ――ス⑨下165
18　もぐらどん――ス⑬163
20　めんめんたまぐら――エ②181
20　おふねがぎっちらこ――近藤信子が子どもの頃うたっていた。
22　せんぞうやまんぞう――イ40
24　たなばたのかみさん――ウ110　ス⑲上177
28　ほたるこい――イ22
28　ほ ほ ほたるこい――イ11
30　かわのきしのみずぐるま――ウ69
30　げろげろがっせん――イ87
32　うちのせんだんのき――カ35　キ230　サ190　ス㉔73
36　ほおずきばあさん――ス⑬105
40　もどろもどろ――カ91
42　きりすちょん――不明
44　ぎっちょぎっちょ――不明
45　もみすりおかた――ス㉑187
46　さるのこしかけ――コ29
48　ぼうさんぼうさん――近藤信子が子どもの頃うたっていた。
50　ひとまねこまね――ス⑬175
52　ひとやまこえて――コ268＋シ116
56　いもむし――近藤信子が子どもの頃うたっていた。

56　こどもかぜのこ――ア142　エ②93　ス⑱上145
58　おせよおせよ――近藤信子が子どもの頃うたっていた。
58　おしくらまんじゅう――ク201他
59　おおさむこさむ――近藤信子が子どもの頃うたっていた。
60　つるつる――キ178
65　かりかりわたれ――イ32　キ177
66　もちっこやいて――エ①56他　「とんとんやかた」で
「かれっこ」が「もちっこ」にかわった。
70　なくさなずな――イ27
70　たこたこあがれ――近藤信子が子どもの頃うたっていた。
71　うえからしたから――エ②34
72　まめっちょ――ウ15　エ③313　コ20　ス⑤上150
77　あずっきちょ――エ⑤157　オ51
77　ひやふや――エ⑥283　オ161　サ272　ス④上119
80　あめこんこん――エ②30　オ56　キ143　ス④下155

『能美郡民謡集』(炉辺叢書) 早川孝太郎編　一九二四年　郷土研究社――ア
『日本童謡民謡曲集』広島高師付属小学校音楽研究部編　一九三三年　目黒書店、一九八八年復刻版(柳原書店)――イ
『続日本童謡民謡曲集』広島高師付属小学校音楽研究部編　一九三四年　目黒書店、一九八八年復刻版(柳原書店)――ウ
『日本伝承童謡集成』全6巻　北原白秋編　三省堂――エ
①「子守唄篇」一九四七年初版、一九七四年改訂新版　②「天体気象・動植物唄篇」一九四九年初版、一九七四年改訂新版
③「遊戯唄篇(上)」一九七五年　④「遊戯唄篇(中)」一九七五年
⑤「歳事唄・雑謡篇」一九五〇年初版、一九七五年改訂新版　⑥「遊戯唄篇(下)・総索引」一九七六年
『東北のわらべうた』武田忠一郎採譜・編　一九五四年　日本放送出版協会――オ
『佐賀のわらべうた』坂根厳夫他編　一九六〇年　音楽之友社――カ
『わらべうた―日本の伝承童謡―』(岩波文庫) 町田嘉章・浅野建二編　一九六二年　岩波書店――キ
『わらべうたの研究・楽譜編』小泉文夫編　一九六九年　わらべうたの研究刊行会――ク
『京わらべうた』高橋美智子・中川正文著　一九七二年　駸々堂――ケ
『日本のわらべうた・室内遊戯歌編』尾原昭夫編著　一九七二年　社会思想社――コ
『日本のわらべうた・戸外遊戯歌編』尾原昭夫編著　一九七五年　社会思想社――サ
『越中わらべうた考』小沢達三他著　一九七九年　KNB興産――シ
『日本わらべ歌全集』全27巻39冊　浅野建二・後藤捷一・平井康三郎監修／著者は巻ごとに異なる。一九七九年〜九二年　柳原書店――ス
④上『宮城のわらべ歌』一九八六年　④下『福島のわらべ歌』一九九一年　⑤上『栃木のわらべ歌』一九九〇年
⑨下『新潟のわらべ歌』一九八四年　⑪『静岡・山梨のわらべ歌』一九八三年　⑫『愛知のわらべ歌』一九八一年
⑬『長野・岐阜のわらべ歌』一九八一年　⑮『京都のわらべ歌』一九七九年　⑱上『兵庫のわらべ歌』一九八七年
⑲上『広島のわらべ歌』一九八四年　㉑『愛媛・香川のわらべ歌』一九八二年　㉒『徳島・高知のわらべ歌』一九八一年
㉓下『大分のわらべ歌』一九八七年　㉔『佐賀・長崎のわらべ歌』一九八二年　㉖『鹿児島・沖縄のわらべ歌』一九八〇年

付記

●本書『にほんのわらべうた』全四巻のなかで「とんとんやかた」の子どもたちがうたっている「わらべうた」は、伝承の「わらべうた」であることを右のリストでおおよそ確認しました。参照させていただいたたくさんの資料集に感謝いたします。

●一九六八年ごろ、羽仁協子さんたちによって、古い資料集のなかからたくさんの「わらべうた」が子どもたちの手にもどされました。このときの歌が本書にはたくさんはいっています。これらの歌が掲載されている二つの本、『わらべうたであそぼう』シリーズ(コダーイ芸術教育研究所著、明治図書出版刊)と『まめっちょ』①②(コダーイ芸術教育研究所編、全音楽譜出版社刊)にお礼をもうしあげます。〈編集部〉

近藤信子（こんどうのぶこ）—著

1944年、新潟県にうまれる。桐朋学園大学でピアノを専攻。同学園で子どものための音楽教室講師をつとめたあと結婚、アメリカで暮らす。帰国後、つくば市で音楽教室「とんとんやかた」をひらき、わらべうたを中心にした音楽教育をやっている。絵本に「みんなであそぶわらべうた」（梶山俊夫画、福音館書店刊）がある。

柳生弦一郎（やぎゅうげんいちろう）—絵

1943年うまれ。絵本作家。著書に、「はなのあなのはなし」「おしっこの研究」「100まで生きる？」「おねしょの名人」「むし歯のもんだい」「かさぶたくん」「おっぱいのひみつ」「おへそのひみつ」「たまごのあかちゃん」（いずれも福音館書店刊）などがある。

にほんのわらべうた① うめとさくら

二〇〇一年四月一〇日　初版発行
二〇二〇年四月一日　第七刷

著　者　近藤信子
　　　　柳生弦一郎
発　行　株式会社 福音館書店
　　　　郵便番号一一三-八六八六
　　　　東京都文京区本駒込六丁目六番三号
　　　　電話　営業（〇三）三九四二―一二二六
　　　　　　　編集（〇三）三九四二―二七八〇
　　　　https://www.fukuinkan.co.jp/
印　刷　三美印刷
製　本　積信堂

・乱丁・落丁本は小社出版部宛ご送付ください。
　送料小社負担にてお取り替えいたします。
・NDC七六〇／九六ページ／二六×二二センチ

The Japanese Nursery Rhyme Song vol. 1
UME TO SAKURA and Other Songs

Printed in Japan
ISBN4-8340-1743-5